现代汉语语法研究丛书

丛书顾问：邢福义　陆俭明
丛书主编：匡鹏飞

☆ 教育部人文社会科学重点研究基地成果
☆ 中国语言文学国家“双一流”建设学科成果

语音形式移位理论
与汉语相关语序类型研究

倪广妍／著

華中師範大學出版社

新出图证（鄂）字 10 号

图书在版编目（CIP）数据

语音形式移位理论与汉语相关语序类型研究/倪广妍著. —武汉：华中师范大学出版社，2023.7

（现代汉语语法研究丛书/匡鹏飞主编）

ISBN 978-7-5769-0124-5

Ⅰ. ①语…　Ⅱ. ①倪…　Ⅲ. ①汉语—词序—研究　Ⅳ. ①H146

中国国家版本馆 CIP 数据核字（2023）第 072879 号

语音形式移位理论与汉语相关语序类型研究

©倪广妍　著

责任编辑：袁正科　**责任校对：**王　胜　**封面设计：**罗明波

编辑室：高等教育分社　**电话：**027-67867364

出版发行：华中师范大学出版社　**社址：**湖北省武汉市洪山区珞喻路 152 号

电话：027-67861549（发行部）

网址：http://press.ccnu.edu.cn　**电子邮箱：**press@mail.ccnu.edu.cn

印刷：湖北恒泰印务有限公司　**督印：**刘　敏

开本：710 mm×1000 mm　1/16　**印张：**13.5

版次：2023 年 7 月第 1 版　**印次：**2023 年 7 月第 1 次印刷

字数：220 千字　**定价：**68.00 元

欢迎上网查询、购书

从书序言

华中师范大学汉语语言学学科的形成和发展，已有70年左右的历史。改革开放以后，进入快速发展阶段。在邢福义先生的带领下，本学科逐渐形成了自己的学术主张（“研究植根于汉语泥土，理论生发于汉语事实”）、基本理论（“小句中枢说”“句管控”等）和研究方法（“两个三角”，即“表—里—值”小三角和“普—方—古”大三角）。这些理论和方法，奠定了本学科的学术根基，体现了本学科的理念和追求，也滋养了一批批桂子山语言学人。

近年来，在教育部人文社会科学重点研究基地——语言与语言教育研究中心和华中师范大学中国语言文学国家“双一流”学科汉语语言学方向的建设中，我们进一步强化和凸显了上述学术特色，确立了以“现代汉语语法”作为主攻方向、从不同角度对现代汉语语法研究进行深化拓展的建设思路。

《语言与语言教育研究中心“十三五”发展规划》明确指出：

面向国家需求，结合自身优势，本中心将以“现代汉语语法”作为科学研究的主攻方向。自信有为，创建特色，这是我们的发展理念和学术追求。因此，我们强调自强自立，立足汉语本土，弘扬朴学精神，发掘汉语特点，为世界语言学贡献中国元素。我们强调国学思路。在我国的传统学术中，语言学进入国学范畴的是文字、音韵和训诂，语法未受重视，语法学的兴起始于晚清时期《马氏文通》的问世。把语法引入国学范畴，是对国学研究的拓展和深化。我们强调引进提高。引进的目的是提高，提高的结果是创造出自己的特色。我们需要借鉴外国理论，但不盲从。借用不是照搬，需要本土化。我们既不要妄自尊大，也不要妄自菲薄。吕叔湘先生和朱德熙先生都特别强调“务实”。基于汉语事实，生发汉语理论，古为今用，洋为中用，这是我们发展学术、创建特色的基本路径。

《语言与语言教育研究中心“十四五”发展规划》进一步指出：

“十三五”期间，本中心面向国家需求，结合自身优势，确立“现代汉语语法”为科学研究的主攻方向，旨在立足汉语本土，弘扬朴学精神，发掘汉语特点，创建中国特色，为世界语言学的发展贡献中国元素。“十四五”期间，将通过现代汉语语法研究的多维拓展（口语语法、方言语法、境外华语语法等）和不断深化，进一步巩固方向，彰显特色。我们将始终不渝地践行“务实”和“创新”两大理念，以“务实”为学风导向，以“创新”为学术引领。基于汉语事实，生发汉语理论，这是我们一贯坚持的发展学术、创建特色的基本路径。

基于上述建设思路，为了反映本学科在这一领域最新的探索足迹，我们特编辑出版“现代汉语语法研究丛书”，主要收录本学科教师的相关成果和毕业研究生的相关博士学位论文。本丛书首批共推出著作10种。这些著作都是首次正式出版，研究的对象涵盖了现代汉语语法问题的各个方面，包括词类中的动词、数词、副词，句法中的主语问题、定语从句、唯句成分、特定句式、空语类、移位问题等，也包括语法与语用相结合的话语标记问题；研究的视角，以现代汉语共时平面为主，也涉及一些历时演变方面的探讨；研究的理论和方法，立足“小句中枢”和“两个三角”，同时也充分吸收借鉴认知语言学、生成语言学、语言类型学等学科的理论方法。这些研究，从不同对象、不同视角，综合运用各种理论方法对现代汉语语法问题进行了专题考察，在事实发掘和理论探讨方面都做出了一些新的努力。

本丛书为教育部人文社会科学重点研究基地成果和华中师范大学中国语言文学国家“双一流”建设学科成果。丛书的出版，有幸得到老一辈著名语法学家的悉心指导，邢福义先生和陆俭明先生欣然应允担任顾问；得到华中师范大学语言与语言教育研究中心主任汪国胜教授和文学院院长刘云教授的大力支持；得到华中师范大学出版社高教分社何军华社长和宋文静编辑的积极协助。特此一并表示最诚挚的谢意。

“路漫漫其修远兮，吾将上下而求索”，“独学而无友，则孤陋而寡闻”。我们将继续凝聚整个学科团队的智慧，继承和发扬学科的学术特色，充分吸收借鉴国内外各种具有启发性的理论和成果，不断求实创新、开拓进取、探索真知，为把现代汉语语法研究推向深入贡献绵薄之力。敬请学界同仁不吝赐教、批评指正。

匡鹏飞

2022年7月20日于武昌桂子山

目　　录

第一章　绪　论

本书的研究源于对汉语中语言事实的观察而引出的疑问：为什么在汉语口语交谈中常常出现主语位于句尾的情况？如："怎么了你?"为什么宾语会出现在句首？如："香肠，我要买。"为什么谓语会出现在句尾？如："去北京一趟，我打算。"为什么定语会出现在句尾？如："祥林嫂手里提着一个篮子，空的。"为什么状语会位于句尾？如："他走了吧，大概。"这些用法在汉语中相当普遍。网络上曾有一个讨论热点"山东人说话爱用倒装句"，讨论了口语中经常出现的几种现象，如"不知道啊我""有吧我觉得""对练习语法还有帮助呢讲真"，事实上，这些现象不仅是山东方言的特点，也是整个现代汉语的显著特点。

朱德熙（1985）指出，汉语语序有一定的灵活性。这些灵活语序现象的存在非常普遍，并不影响人们的交际，但是这些灵活语序有哪些类别？是完全自由的吗？是否有限制条件？其他语言中是否存在同样的自由语序现象？背后是否蕴含共同的生成机制与大脑神经机制？此外，在对外汉语教学中，学生如何习得这种灵活的语序现象？在人工智能识别系统中，输入不同的语序是否会影响语义理解？

这些原始的疑问驱使着我们去寻找答案。传统语言学界针对这一现象早已有了丰富的讨论，赵元任（1968）、王力（1985）、朱德熙（1982）、陆俭明（1980）、邢福义（2011）等学者都提到过这一现象，但观点并不统一。在生成语法的理论体系中，移位理论可以解释相当多的语序错置现象，其中的"漂移"（scrambling）正是指称自由语序现象的术语，从 Ross（1967）首次使用"漂移"来指称自由语序现象开始，Chomsky & Lasnik（1977），Bošković & Takahashi（1998），Bayer & Kornfilt（1994），Fanselow（2001），Saito（1985，1989，2003），Webelhuth（1989），Grewendorf & Sabel（1999），Bailyn（2001），Agbayani，Chris & Toru（2015）等学者分别从生成机制（移位生成说、基础生成说）、移位类型（论元移位说、非论元移位说、空算子移位说)、移位限制条件、驱动因素［语法特征（如格）驱动说、语用因素（如话题）驱动说、语音韵律驱动说、语义特征（如特指）驱动说、综合因素驱动说或无驱动说］等方面来考察这一跨语言现象。经过五十多年的研究，上述争论持续至今。

本书主要基于汉语中的相关语序现象提升与扩充生成语法移位理论，对汉语中的易位、倒装等传统语法中定性的语言事实进行重新梳理与分析，试图提炼总结出汉语中相关语序现象的移位规则与限制条件。本书的结构如下：第一章为绪论，主要介绍生成语法移位理论，对比分析了三种不同类型的移位，归纳语音形式移位这一移位类型的特点，接着介绍了国外学者关于漂移这一自由语序现象的研究现状，在此基础上指出汉语中也存在不同类型的漂移现象，包括主语漂移、宾语漂移、谓词漂移、定语漂移、状语漂移这几大类型。这几个漂移类型分别构成了接下来的第二章至第六章的内容，分别专题考察主语漂移、宾语漂移、谓词漂移、定语漂移、状语漂移的移位性质、生成机制以及限制条件等。最后一章是本书研究的结论。通过考察我们发现，每个类别的具体漂移限制条件都不相同，但是不论是哪种类型的漂移，都要遵循词语完整律、禁止介词悬空等普遍原则，除此之外，漂移的成分必须是一个最大投射的“短语”整体（XP，phrase），而不能是这个短语的一部分；漂移只能移至嫁接位置；黏着成分和被黏着成分之间不能被其他成分插入；外部成分不能漂移至从句内部，从句内部的附加语（adjunct）和宾语也不能被移出从句范围；简单句结构中谓词不能漂移，V’内部不能接受其他漂移成分；定语和状语的漂移不能跨越界限，界限的范围基本由词汇特征和语义范围决定；附加语一般要遵循紧邻中心语原则。

结合生成语法的理论来说，相对于句法层面和逻辑形式层面，语音形式的研究较为薄弱，关于语音层的操作，Chomsky（1995，1999）提到，语音形式（phonetic form，简称 PF）过程很可能还包括一些不影响句子实际意义的转换过程，如修辞风格方面的转换之类（石定栩 2002：285）。何元建（2011：15）也指出，按现有的普遍语法理论，有时候一部分语言形式会在逻辑形式界面或者语音形式界面里面进行重组，以满足语义和语音的需要。也就是说，逻辑形式界面或者语音形式界面也有生成语言形式的能力。对于汉语来说，运用语音形式删除操作对汉语现象进行的研究集中在对省略或空缺现象的分析上，其他运用语音形式重叠、插入等操作对汉语现象的解释散见在前人研究中，一直不是研究热点。

第一节　移位类型及差异

生成语法的一个重要贡献是对人类语言的生成过程提出了假设，生成语法假设人脑中存在一个词库（lexicon）和一个核心运算系统（computational system），由此推导出句子的基本结构，然后交由大脑中的其他应用系统（performance systems）进行语音和语义解释。前者给 S-结构赋予语音内容，后者对 S-结构进行逻辑—语义解释，也就是“倒 Y 模型”，如图 1-1 所示。

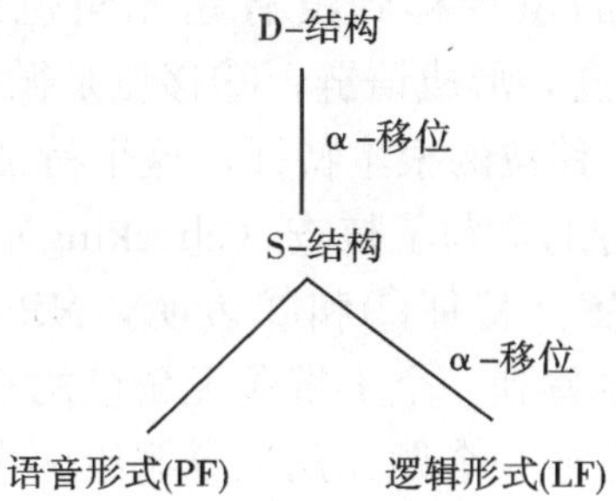

图 1-1　倒 Y 模型

关于生成语法的转换过程，目前学界研究较多的 α-移位是：从 D-结构到 S-结构的句法移位（syntactic movement）和从 S-结构到 LF 的逻辑形式移位（logical form movement），二者最大的不同是，句法移位是显性移位，直接影响句子的线性序列，逻辑形式移位是抽象移位（abstract movement），不影响句子的 S-结构形式。以上两种 α-移位一直是生成语法研究的核心，但是对于从 S-结构到 PF 的语音形式移位（phonetic form movement）研究并不充分，而这一移位类型对应非句法或逻辑语义因素造成的句子序列的调整。

当代形式句法学发展到最简方案阶段已经不再使用深层结构和表层结构的术语，但是，宁春岩（2011：164）指出，最简方案句法中依然有显性移动和隐性移动的区分，这和 GB（管辖与约束理论）句法里的情况基本相同。同时，自由语序问题在最简方案句法中仍是尚待解决的问题，具体来说，自由语序现象对于假设所有移位必须是强制的、有驱动的最简方案理论来说是一个巨大的挑战。

一、句法移位

句法移位是生成语法中最基本的操作手段之一，从 D-结构到 S-结构的移位属于句法移位，根据移位成分的不同特征可以分为“名词短语移位”（或称 NP 移位）、“wh 移位”、“中心语移位”（head-movement）。

NP 移位为论元移位（argument-movement，简称 A 移位），是受格的驱动而移位。温宾利（2002：204-207）指出，NP 移位都有以下特征：①从无格的位置移到有格的位置；②从论元位置移到空的论元位置；③从有题元角色的位置移到没有题元角色的位置；④移位向前（上）进行，并留下语迹，形成语链；⑤移位是循序式的。

上述特征①是 NP 移位的根本特征，这个特征说明，名词短语的移位是在格的驱动下进行的，句子核查（checking）要求无格的名词短语必须移动到有格的位置。特征②和③表明，NP 移位必须遵守题元准则。名词短语之所以要移到一个不带题元角色的空位，是为了避免一个论元得到两个题元角色或一个题元角色分派给两个论元。所以 NP 移位的终点是一个论元位置，NP 移位也称为论元移位。特征④不仅仅是 NP 移位的特征，同时也是所有句法移位的特征，生成语法理论认为，移位总是向前向上的，从结构中较低的位置移到较高的位置。特征⑤表明，移位要遵守某种局部限制（locality constraint）或局部条件。NP 移位必须在某个局部范围内进行，一次不能移得太远。NP 移位的终点是主句的主语位置，移位过程中不能越过任何一个分句主语位置。移位要循序渐进，一步一步地进行。徐杰（2001：55）也指出，“邻接原则”规定，任何名词短语移位最多只能跨越一个 S 或 NP 节点。

和 NP 移位性质不同，wh 移位属于非论元移位（简称 A’移位）。温宾利（2002：225）指出，相对于 NP 移位，wh 移位有不同的特征：①wh 短语具有疑问意义，即具有［＋wh］的特征；②wh 短语是属于不同的语类；③NP 移位和 wh 移位中的移动成分在 D-结构中所处的位置不同。

wh 移位在移位距离上所受的限制的理论叫作界限理论（bounding theory），即移位越过的 IP 节点和 NP 节点不得超过一个。IP 节点和 NP 节点称为界限节点（bounding node）；wh 移位条件称为领属条件（subjacency condition），即移位不得越过一个以上的界限节点。事实上，所有的句法移位都要遵守领属条件限制，不论是逻辑形式移位还是语音形式的移位，都要遵循领属条件限制。

wh 移位和 NP 移位的异同如表 1-1 所示（温宾利，2002：252）：

表 1-1　wh 移位和 NP 移位的异同

NP 移位	wh 移位
移动名词短语	移动 wh 成分或空算子
起点是论元位置	起点是论元位置或非论元位置
终点是论元位置	终点是非论元位置
论元移位	非论元移位
形成论元语链	形成非论元语链
链首论元约束其语链	链首非论元约束其语链

除了 NP 移位和 wh 移位之外，句法移位还包括中心语移位。温宾利（2002：311）指出，NP 移位和 wh 移位的都是短语，而中心语移位移动的是一个中心语。例如：

（1）Susan left the university.

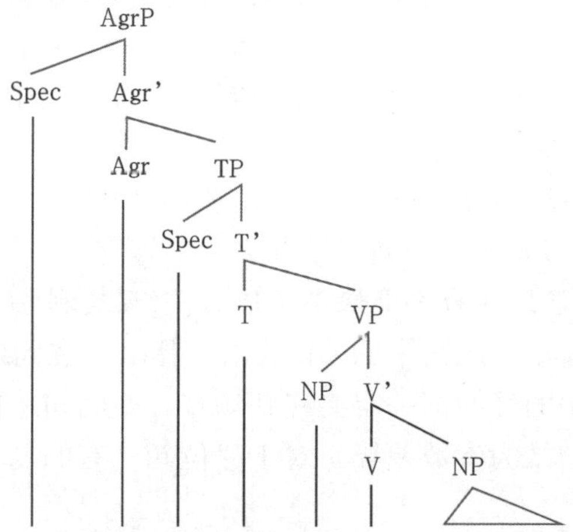

深层结构：　[3sg]　[past] Susan leave the university

表层结构：Susan$_i$ left$_k$ t$_i$ t$_k$ t$_i$ t$_k$ the university.

（left=［leave+［past］+［3sg］］）　　（温宾利 2002：336）

上例中 left 从 VP 位置移到 Agr 位置，是从 VP 的中心语位置移位到 AgrP 的中心语位置，属于中心语移位。

二、逻辑形式移位

何元建（2011：486-488）指出，Chomsky 在扩充的标准理论中就已经假设了逻辑形式的存在，到了最简理论中，逻辑形式和语音形式仍然是句子生成过程中不可缺少的环节。他指出，逻辑形式是语法的一部分，是代表句子语义（尤其是逻辑语义）的成分结构。温宾利（2002：289）指出，一般来说，句子的表层语序跟它表达的逻辑语义是一致的，但是，句子语序有时跟语义却不一致。例如：

（2）All that shines is not gold.　　　（温宾利 2002：289）

上例可以直译为：所有发光的不是金子。事实上，这句话并不表达这个语义，而是想要只否定 all 这个数量词，想表达的意思是：不是所有发光的都是金子。所以，结构上和语义上出现了不对称。原则上，句子语序跟语义是统一的，其句法结构和逻辑形式应该是一一对应的；但是如果发生上述现象，则需要在逻辑形式界面移位，这种移位就是逻辑形式移位。逻辑形式中量化词的移位称为量化词提升（quantifier raising），量化词提升发生在 S-结构到逻辑形式阶段，不改变句子的线性结构，所以是隐性移位（covert movement），也叫抽象移位（abstract movement）。

汉语中是否有逻辑形式移位有很大争议，一部分学者认为汉语中的 wh 短语不移位，因为汉语的标句词（complementizer，简称 C）具有弱特征，如温宾利（2002）认为并不是所有的语言都发生 wh 移位。汉语就属于非 wh 问句移位语言。例如：

（3）a. 张三知道王小姐买了什么。

b. 张三问王小姐买了什么。

c. 张三认为王小姐买了什么。（温宾利 2002：293）

由上例可以看出，汉语中的 wh 短语“什么”在句尾而没有移位到句首，但是英文中的疑问词一定要移到句首，疑问句才成立。有的学者将这种语言差异归结为参数差异，对于移位句，有的要求前移，有的不用前移。

但是，如果把一切都归结为参数会导致参数越来越复杂，有悖于生成语法求简的宗旨，所以就产生了另外一个观点，认为所有的疑问句都需要移位。这种观点以 Huang（黄正德）（1982）为代表，认为汉语中的 wh 短语也发生移位。Huang（1982）认为汉语和英语一样，疑问句也发生了 wh 移位，只是发生在逻辑形式层面。例如：

（4）a. [$_{CP}$ 什么$_{i}$ [$_{IP}$ 张三知道 [$_{CP}$ [$_{IP}$ 王小姐买了 t_{i}]]]]

b. [$_{IP}$ 张三知道 [$_{CP}$ 什么$_{i}$ [$_{IP}$ 王小姐买了 t_{i}]]]

a 句和 b 句都发生了 wh 移位，但是为什么 a 句是疑问句，b 句是陈述句？黄正德解释为“什么”在 a 句中移到主句的句首位置，占广域，所以句子具有疑问意义；在b句中移到补语分句的句首位置，占窄域，所以句子只有陈述意义。所以，按照逻辑形式移位分析，世界上任何语言都可以发生wh移位，这是普遍规律。但是，有的语言中wh移位发生在S-结构，有的语言中wh移位发生在逻辑层面。

关于逻辑形式移位的限制，Huang（1982：24）指出：①界限理论只能用在句法部分，而不用在逻辑形式部分。界限理论只适用于句法部分的事实，要求句法具有自治性，并要求有一个可以把句法同逻辑形式分开的层次。②但空范畴原则（empty category principle，简称ECP）却同时使用在这两大部分中。必须在表层结构中使用的事实也要求这一层次的存在。空范畴原则必须再次使用到逻辑形式上的事实又要求逻辑形式的句法能够与句法部分产生相同的空范畴。③量词规则（quantification rule，简称QR）和wh移位可以违反复杂NP限制（the complex NP constraint，简称CNPC），显性移位不会违反。

三、语音形式移位

Matthews（2000：276）对语音形式的定义是20世纪80年代在Chomsky的语法理论中一个句子的最不抽象的表达式。语音形式和逻辑形式被认为是和其他系统相互作用的表达式，分别是语音系统和语义系统。

从生成语法创立到最近修订的理论框架，语音形式是一直存在却一直没有受到充分关注的组成部分。而最简方案则简化了语法系统的构成，认为任何语法系统都只有语音形式和逻辑形式，分别代表发声-感知系统（articulatory-perceptual，简称A-P）和概念-意向系统（concetual-intentional，简称C-I）。按普通语法理论，界面也纳入语法（语言机制）的范畴。有关逻辑形式界面和语音形式界面的理论框架，跟词库和句法的理论框架并不是同一种理论，而是属于一个大系统下面的理论模块，即词库、句法、逻辑形式界面、语音形式界面的理论框架可以各自成一块（何元建，2011：6-7）。因此，语音形式界面是生成语法一个重要的理论模块。冯志伟、刘俊莉（2008：21）指出，最简方案认为人类语言在逻辑形式层面大体是一致的，由语音形式界面条件所决定的“拼出”操作的不同位置，决定着语言之间的差别。

语音层有具体的操作吗？乔姆斯基（Chomsky 1995，1999）提到，语音形式过程很可能还包括一些不影响句子实际意义的转换过程，如修辞风格方面的转换之类（石定栩 2002：285）。何元建（2011：15）也指出，按现有的普遍语法理论，有时候一部分语言形式会在逻辑形式界面或者语音形式界面里面进行重组，比如逻辑运算子移位以及成分省略带来的结构重组，以满足语义和语音的需要。也就是说，逻辑形式界面或者语音形式界面也有生成语言形式的能力。

对于在语音层的操作遵循哪些原则，温宾利（2002：307）指出，不同的理论在不同的结构和层次发生作用，如图 1-2 所示。

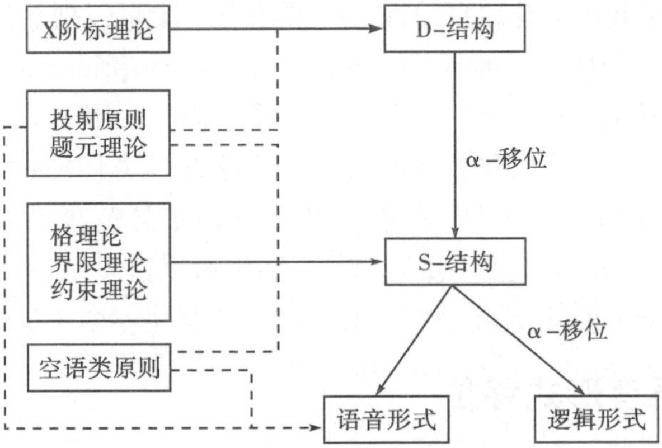

图 1-2　不同原则与理论作用的层面

由图 1-2 可以得出，语音形式遵循投射原则、题元理论、空语类原则。

语音形式移位是指发生在从表层结构到语音形式的推导过程中的移位，语音形式移位是和句法移位、逻辑形式移位并列的第三种移位类型，这三种移位类型就是 α-移位的全部内涵，这类移位的特点是句子的线性序列发生改变，而实际句法结构和句法关系并未因为这种移位而发生改变。事实上，语言中存在有很多句法结构语序和语音形式语序不一致的情况。句子生成过程中从 S-结构到 PF 有一些位置上的改变，这个调整过程就是语音形式移位。

四、移位类型的差异

句法移位实际上就是显性移位/明移（overt-movement），也就是句法移位一般发生在从深层结构到表层结构的推导过程中，即从句子深层结构推导到表层结构，从而解释两个不同句子深层的共性。句法移位看上去移了，实际上也真的移了。对于这种类型的移位研究十分广泛，这也是转换生成语法和核心操作手段，包括被动句、核心句和疑问句。逻辑形式移位就是隐性移位/暗移，乔姆斯基最初认为有的语言发生了移位，有的语言没发生，但是 Huang（1982）反驳乔姆斯基，他认为移位是所有语言的共性，移位是普遍发生的，只是移位层面不同。这种发生在从表层结构到逻辑形式推导过程中的移位是逻辑形式移位，主要代表性观点是提出来的汉语疑问代词暗移位。语音形式移位是表面线性顺序改变了，实际上其句法结构关系没有改变，这种移位正好和 LF 移位相反。总结起来，我们可以看出三种移位的基本差异，如表 1-2 所示。

表 1-2　移位类型的基本差异

移位	句法移位（明移）	逻辑形式移位（暗移）	语音形式移位（漂移）
线性序列改变	＋	－	＋
推导过程中移位	＋	＋	－

可以看出，三种移位类型由于发生的层面不同，移位性质也不同。三种移位细致的区分，包括运行条件等方面的差异见表 1-3。

表 1-3　移位类型的细致差异

类型 / 差异	句法移位（明移）	逻辑形式移位（暗移）	语音形式移位（漂移）
发生层面	从深层到表层	从表层到逻辑形式	从表层到语音形式
移位方向	一律左移，由低到高	一律左移，由低到高	可左移也可右移
移位类型	A 移位或 A’移位	A’移位	尚未定性
可否复位	否	否	是
驱动因素	格驱动	语义驱动	语法特征驱动说、语用因素驱动说、语用韵律驱动说、语义特征驱动说、综合因素驱动说和无驱动说
强制性	强制性移位	强制性移位	可选性移位
运行条件	遵守投射原则 遵守题元准则 遵循领属条件 遵循空语类原则（有 NP 语迹、wh 语迹、PRO、pro）	遵守投射原则 遵守题元准则 不遵循领属条件 遵循空语类原则（有 pro、wh 语迹，没有 PRO、NP 语迹）	遵守投射原则 遵守题元准则 不遵循领属条件 不遵循空语类原则①

① 语音形式移位留下的语迹不属于空语类的语迹类型。

可以清楚地看出，三种移位类型的发生层面、移位方向、移位类型、能否复位、动因、强制性以及运行条件都不相同，这也证实了漂移的存在及其类型特点。

第二节 漂移研究综述

一、漂移概述

Ross（1967）首次使用到漂移（scrambling）这个概念，Ross（1967：50）指出，在拉丁语，同样在如俄语、捷克语等语言中，一个小句之内的主要成分的顺序在特定限制下是自由的。他认为漂移是由语体风格（stylistic）造成的自由语序现象，这个观点后来也被 Chomsky & Lasnic（1977）所采用。Karimi（2003）指出，漂移是一个指称自由语序的术语，是描述在自然语言中自由语序易变现象的术语。Anagnostopoulou & Fox（2007）指出漂移是在如德语、日语、俄语、印度语等“自由语序”的语言中派生出非规范语序的过程的总称。在这样的语言中，成分可以以各种语序出现而不改变句子的核心意思。例如：

（5） a. Mary-ga　　sono hon-o　　yonda（koto）（日语发音）
　　　玛丽—主格　　那本 书—宾格 读（事实）
　　b. sono hon-o　　Mary-ga　　yonda（koto）
　　　那本 书—宾格 玛丽—主格　　读（事实）
　　　玛丽读那本书。

上例中“sono hon”（那本书）可以前置到句首而并不改变句义。

在乔姆斯基的理论中，每一种语言都被假定有基本的语序，这是句子结构的基础，所以表现出各种各样的不同的顺序，它们就可以从其“正常”的语序中“漂移”。实际上漂移已经成为普遍的概念，用来表示许多语言中的许多非规范语序。英语中没有漂移现象，但是在“自由语序”的语言中，如德语、俄语、波斯语、突厥语、匈牙利语、葡萄牙语和拉丁语中就有很多漂移现象，以下选取几种其他语言中漂移的实例：

（6） a. dass der Mann der Frau　die Bohnen　gab.　　（德语）
　　　那　　男人　　女人　　豆子　　给
　　b. dass der Mann　die Bohnen　der Frau　gab.
　　　那　那个男人　豆子　　那个女人　给

c. dass der Frau der Mann die Bohnen gab.
那 那个女人 那个男人 豆子 给

d. dass der Frau die Bohnen der Mann gab.
那 那个女人 豆子 那个男人 给

e. dass die Bohnen der Mann der Frau gab.
那 豆子 那个男人 那个女人 给

f. dass die Bohnen der Frau der Mann gab.
那 豆子 那个女人 那个男人 给
那个男人给那个女人豆子。

在德语中，这六个小句都是可以接受的，都表达同一个语义“那个男人给那个女人豆子”。实际顺序由语用因素（如强调）所决定。如果采用 a 句作为基本的语序，那么漂移则出现在 b 句至 f 小句中。三个成分 der Mann，der Frau，die Bohnen 被漂移了。

匈牙利语中，句子“凯蒂吃一块蛋糕”有以下几种可能的语序：

（7）a. Kati megevett egy szelet tortát.
凯蒂 吃 一 块 蛋糕

b. Egy szelet tortát Kati evett meg.（强调施事）
一 块 蛋糕 凯蒂 吃

c. Kati egy szelet tortát evett meg.（强调宾语）
凯蒂 一块 蛋糕 吃

d. Egy szelet tortát evett meg Kati.（强调数量）
一块 蛋糕 吃 凯蒂

e. Megevett egy szelet tortát Kati.（强调动作的完成）
吃 一 块 蛋糕 凯蒂

f. Megevett Kati egy szelet tortát.（强调动作的完成）
吃 凯蒂 一 块 蛋糕
凯蒂吃了一块蛋糕。

在葡萄牙语中，句子“我将明天送货给您”有以下几种可能的语序：

（8）a. Eu vou entregar pra você amanhã.
我将 送货 给 您 明天

b. Entregarei pra você amanhã.
将送货 给 您 明天

c. Eu te entregarei amanhã.
我 给您 将送货 明天

d. Entregar-te-ei amanhã.
将送货给您 明天

e. Ati eu entregarei amanhã.
给您 我 将送货 明天

f. A ti entregarei amanhã.
给您将送货 明天

g. Amanhã entregarei pra você.
明天 将送货 给 您

h. Acaso entregaria eu a você amanhã?
能 送货 我 到 您 明天?
我将明天送货给您。

拉丁语中大多数情况下允许非常灵活的语序。拉丁语缺少冠词，在拉丁语句子中，主语、动词和宾语可以以任何顺序出现，尽管大多数情况下动词出现在最后。其中，语用因素，如话题和焦点，在决定顺序中起着很大的作用。例如“罗穆卢斯创办了这个城市”有以下几种语序：

(9) a. Romulus condiderat urbem.
罗穆卢斯 创办了 城市

b. Romulus urbem condiderat.
罗穆卢斯 城市 创办了

c. Condiderat Romulus urbem.
创办了 罗穆卢斯 城市

d. Condiderat urbem Romulus.
创办了 城市 罗穆卢斯

e. Urbem Romulus condiderat.
城市 罗穆卢斯 创办了

f. Urbem condiderat Romulus.
城市 创办了 罗穆卢斯
罗穆卢斯创办了这个城市。

拉丁散文通常遵循“主语、直接宾语、间接宾语、副词、动词”的语序。Romulus（罗穆卢斯）在主格位置，所以它是这句话的主语，urbem（城市）是第三变格名词 Urbs 的宾格形式，所以是句子的宾语。

condiderat（创办）是动词第三人称主动态陈述过去完成时，表示了Romulus和urbem之间的关系。

除了上述语言之外，世界上还有许多语言的语序可以灵活移动，Sandra（1999）指出塞尔维亚-克罗地亚语（Serbo-Croatian，简称SC）是一种语序自由的语言，几乎所有的语序排列可能都被允许。SC语言中的各种各样的词序和特定信息结构及韵律属性相关联。日语之外其他语言中的漂移呈现出和日语漂移不一样的特征，例如德语和荷兰语中的漂移只能出现在小句内部，比日语中的漂移有更多的限制。Diesing（1992，1997）、Diesing & Jelinek（1995）对于德语、埃及阿拉伯语（Egyptian Arabic）和意第绪语（Yiddish）的漂移进行了研究，他们主张只有特定种类的限定词短语（determiner phrase）可以漂移。对于这些特点，他们解释为，这些语言中的漂移是由语义驱动的，即相关的成分必须从他们所在的动词短语内通过LF漂移出去，从而满足特定的语义条件。另外，其他学者认为荷兰语和德语的漂移是由韵律特征特别是句子重音和信息结构造成的。

关于漂移的规则，Ross（1967：50）指出，漂移只能在一个小句内部进行。其他学者也主张只有在小句之内的成分可以变换，如下面两例，在小句内部的成分可以根据漂移规则相互转化。

（10）a. Homō bonus amat fēminam pulchram.
man good love woman beautiful
男人 好 爱 女人 漂亮的
b. Pulchram homō amat fēminam bonus.
beautiful man love woman good.
漂亮的 男人 爱 女人 好
The good man love the beautiful woman.
好男人爱漂亮的女人。

但是Ross（1967）指出漂移问题太复杂了，能够生成的正确的句子子集可能是无限的，并且认为“自由语序”语言表现出的“自由语序”的语法规则都不相同，造成漂移的规则也有细微不同。关于日语中的漂移规则，Farmer（1980：24）指出，日语漂移有限制条件，就是动词一定要在句末，如：

（11）a. Mary-ga okasi-o taberu.
玛丽—主格 蛋糕—宾格 吃

b. Okasi-o　　Mary-ga　　taberu.

蛋糕—宾格　玛丽—主格　吃

c. * Mary-ga taberu okasi-o.

玛丽—主格　吃　蛋糕—宾格

d. * Okasi-o taberu Mary-ga.

蛋糕—宾格 吃　　玛丽—主格

玛丽吃蛋糕。

简而言之，在日语中很多合法的变体在句法上只有一个约束，就是动词必须在右侧。

在早期生成语法中，漂移被看作是语体风格的操作，应用于句法操作之后（Ross 1967，Chomsky 1972），这个假设基于优先采用基本的词序，其他的变体都是派生出来的。然而，这个观点后来被抛弃了，后来的学者多数主张漂移是句法移位，因为学者发现漂移具有句法操作的特征。Saito（1985）展示出日语的漂移有句法影响，因此他们断定漂移一定是句法的组成部分，Saito（1985）主张日语中的漂移是一个可选性操作，漂移不会受到格的驱动，也不会产生算子——变量语链。但是这些分析仍存有争议。

到了最简方案阶段，漂移这种可选性移位给最简方案提出了巨大的挑战，Ordoóñez（2013）指出：①在漂移语序中发生的核查特征是什么类型尚不清楚；②语序的改变在这些语言中是可选的，违反了所有移位都必须是有动机的指导思想。同时，Karimi（2003）指出，对于只有在形态因素触发的情况下才允许句法移动的最简方案来说，漂移的可选性（optionality）问题已经成为最简方案的一个巨大挑战。Sandra（1999）也指出，自由语序对最简方案是一个挑战，特别是对最后手段（last resort）而言。在描述“自由语序”的语言时，一般假设一种基本语序，所有其他格式都是通过错置句子成分产生的，这种派生过程被称作漂移。错置的特征通过移位获得，是由移位目标或正在移位的成分满足形态特征驱动的。但是，所有的形态特征在基本语序中已经得到满足，那么，在最简方案框架下，漂移的驱动原因不能得到很好的解释。并且，怎样确定基本语序是首要问题，至今学界也没有统一对于基本语序的判定标准。

尽管国外关于漂移做了较多的研究，但是相对于句法移位来说，漂移的研究并不充分，针对个别语言的研究不够丰富，漂移的概念范围也比较模糊。漂移的可选性、生成机制和驱动因素的探讨贯穿始终。并且，漂移的研究主要集中在印欧语系中语序灵活的语言，对于汉语的研究并不普通。下文将从漂移的生成机制、性质类型、概念范围和漂移的汉语研究等方面进一步概述漂移研究。

二、漂移的生成机制研究

目前学界对于漂移的生成机制研究主要分为两大观点：基础生成说和移位说。

（一）基础生成说

基础生成说认为语言中不同语序形式之间不存在任何的移位和转换。早在20世纪70年代，Hale（1983）提出，沃皮瑞语的语序多变是因为其句子是扁平结构（flat structure，即论元直接依赖于同一个句子节点的结构），但是有严格语序的语言在句子中却是层级结构，语言类型不同源于组合性参数不同。这个自由语序的参数的形成可以有各种各样的原因，其中一个原因是语言带有丰富的形态，所有的动词论元由形态标识。

在最简方案中，基础生成的方法有了新的形式，因为漂移的提出给最简方案提出了挑战：①在漂移语序中发生的核查特征是什么类型不清楚；②语序的改变在这些语言中是可选的，违反了所有移位都必须是有动机的指导思想。Bošković& Takahashi（1998）设法通过假设漂移语序和其表层位置的合并来回避第二个问题。他们认为，在下列日语（发音）句子中，漂移语序的b句和非漂移语序的a句都是通过合并生成的。

（12）a. Jonh-ga ［Mary-ga sono hon-o kata to］ omotteiru.
John-NOM Mary-NOM that book-ACC bought that thinks
约翰—主格 玛丽—主格 那本书—宾格 买 认为
约翰认为玛丽会买那本书。

b. sono hon-o$_i$ Jonh-ga ［Mary-ga kata to］ omotteiru.
that book-ACC John-NOM Mary-NOM bought that thinks
那本书—宾格 约翰—主格 玛丽—主格 买 认为
约翰认为玛丽会买那本书。

为了将两个语序联系起来，Bošković& Takahashi（1998）解释为

b 句中漂移的宾语在逻辑层降低到了一个格位，并且题元角色位置和嵌套动词毗邻。

(13) sono hon-o$_i$ Jonh-ga [Mary-ga kata to] omotteiru.
that book-ACC John-NOM Mary-NOM bought that thinks

总体上来看，基础生成说可以解释一部分现象，但是这种观点也给我们提出了问题，即怎么解释同样的成分出现在句子中的不同位置。如果是基础生成的，那么哪个位置是原位？又需要怎样证明？所以相比移位说，持基础生成说的学者并不多。

（二）移位说

漂移是由移位产生的，这是大多数语言学家的观点，移位分为两种：论元移位（argument-movement，简称 A 移位）和非论元移位（non-argument-movement，简称 A’ 移位）。但是关于漂移属于论元移位还是非论元移位这一问题一直有争议，一方面，论元可以进行漂移操作，另一方面，长距离漂移又有非论元移位的特征。Mahajan（1990）认为，“漂移”要么是由于格导致的论元移位，要么是非论元移位（如：XP 的附加语）。Anagnostopoulou & Fox（2007）指出，漂移显示出混合的 A/A’ 移位特性。

移位说也不是完美的解决方案，自由语序的移位方法都假定最初的语序在所有语言中是构型的（configurational）。语序的改变是通过不同短语移位到句子中或句子外的不同位置实现的。那么，移位说引起的问题有：①漂移的目标成分是什么？论元？谓词？附加语？还是其他？②这种移位的区域限制是什么？它能够长距离移位吗？③这种移位重构吗？④这种移位是有动机的还是特征核查造成的？⑤这种移位的着陆点是什么？对于上述的任何一个问题学界都没有达成共识。在很多情况下，这些问题的答案取决于所寻找语言的种类（Bošković 2004）。

因此，关于漂移的生成机制和性质，以上的讨论仍在继续，以下问题的争论仍然没有结束：①是否有移位发生？②如果发生，是什么类型的移位（A or A’）？③这种移位的动机是什么？这些问题本书都将会提供一种新的解决方案，试图更好地解释汉语中的漂移现象。

三、漂移的类型与性质

根据漂移移位距离的远近，漂移分为两种类型：在同一个 CP 内进行的，称为近距离漂移（short scrambling）；涉及两个或更多 CP，移位范围超越小句范围之外的，称为远距离漂移（long scrambling）。如下列日语（发音）句中的近距离漂移。

（14）a. Mary-ga　　sono　　hon-o　　　yonda (koto)
　　　　Mary-NOM　that　　book-ACC　　read (fact)
　　　　玛丽—主格　　那　　　书—宾格　　　读
　　　b. sono　hon-o　　　Mary-ga　　　yonda (koto)
　　　　that　book-ACC　　Mary-NOM　　read (fact)
　　　　那　　书—宾格　　　玛丽—主格　　读
　　　　玛丽读那本书。　(Anagnostopoulou & Fox 2007)

"那本书"在一个小句之内移动。

日语（发音）中长距离漂移的范围涉及多个小句。例如：

（15）Sono　hon-o　　　Hanako-ga　　Taroo-ga kata to
　　　that　book-Acc　　Hanako-Nom　Taroo-Nom
　　　那　　书—宾格　　Hanako—主格　Taroo—主格
　　　(Saito 1992)
　　　bought　COMP
　　　买　　　标句词
　　　Hanako 认为 Taro 会买那本书。

"那本书"从句中移到句首，涉及两个 CP。

Anagnostopoulou & Fox（2007）指出，不是所有的语言都有长距离漂移，日语、韩语、印度语既有短距离也有长距离漂移，德语只有短距离漂移，荷兰语有短距离保序漂移（short distance order-preserving scrambling）。

关于漂移是否是可选性操作，是否有移位动因驱动已经争论了很久，关于宾语漂移，有的学者认为是受到格核查的驱动（De Hoop 1996），有的学者认为是受到语义解读的驱动（Diesing 1992，Diesing & Jelinek 1995），有的学者认为是信息结构和韵律方面的原因造成的（Neeleman & Rcinhart 1998）。这些学者的观点和主张漂移操作是可选性操作的观点不同，这些学者认为漂移不是真正的可选性操作，并且

Neeleman & Reinhart（1998）不承认荷兰语中有语音层的移位操作，而认为是合并（merge）产生的。Soh（1998）指出，如果主张漂移是必选型操作从而取得特定的语义或信息结构效果，可能就混淆了语法和语言使用的区别。一旦语法和语言使用的区分建立起来，很明显漂移一定是可选性操作。同时，Soh论证了汉语中有宾语漂移现象的存在。

四、漂移的定义和相关术语

（一）漂移的定义

“漂移”这个概念被很多语言学家所使用，但是其所指有所不同，概念不统一，定义十分宽泛且繁杂，内容也比较模糊，下面举出三种较为权威的定义。

《现代语言学词典》（克里斯特尔编，沈家煊译 2000：316）将scrambling翻译为“置换”，定义为：句法术语，指词序自由语言（如拉丁语）两个主要组构成分换位的规则。例如，语符列A＋B＋C＋D可变为A＋C＋B＋D。影响置换的因素（例如被置换的成分和这些成分移位的方向）可以是风格性质的。置换可分“短距离置换”（小句内）和不太常见的“长距离置换”（超出小句界限）。《牛津语言学词典》（Matthews 2000：331）将scrambling定义为：词序或短语顺序可以随意变化的句法过程。最初由熟悉语序基本固定语言（如英语）的语言学家提出，作为语序显著自由语言的使用方法，现在更常用来处理在一个小句结构内的可选语序问题。《语言和语言学词典》（Bussmann 2006：1033）定义为：由J. R. Ross创造的术语，用来描述通过改变基本结构的词序来生成表层结构，漂移同样指句子中重新排列部分之间的关系。

（二）漂移的重新限定

本书试图在前人研究基础上，结合汉语特点对漂移进行限定。我们认为：漂移是发生在语音形式层面的第三种移位类型，是受到修辞、风格、信息结构等语用因素驱动的可选性操作，只对生成的句子做线性序列调整而不改变其句法结构关系和逻辑语义内容，移位方向上可以左移也可以右移，不同的语言有不同的漂移规则与限制，句法规则在漂移过程中部分起作用。

针对我们的定义，有以下几点需要特别解释一下：①关于漂移性质，我们赞同“移位说”，但是不同于前人将漂移归类为“论元移位”和“非论元移位”，我们认为漂移是句法移位、逻辑式移位之外的第三种移位类型，不属于任何一种特定的移位类型。这种移位类型不同于“必选型”的句法移位和逻辑式移位，而是“可选性”的移位。②关于移位动因，漂移有别于句法移位的一大特点就是其任意性，不同的语序变化并不改变句意，而只是在语用上有所差异，因此，我们认为漂移不是受到格等句法因素驱动形成的，而是受到语用因素驱动形成的。③关于漂移规则，前文已经指出，不同语言的漂移的限制和规则不同，漂移限制是因语言而异，这也不同于有普遍语法规则的句法移位。一部分句法规则在漂移过程中起作用，但并非全部适用。

（三）和漂移相关的术语

1. 偏置（dislocation）

《牛津语言学词典》（2000：202，322）定义左偏置（left dislocation）时举例：

（16）a. This next man，have I got to see him?

b. This next man have I got to see?

a 句为左偏置结构，不同于 b 句代表的简单的前置结构，也不同于其他偏置成分在正常位置的照应成分。

定义右偏置（right dislocation）时举例：

（17）They are too tight，these trousers you bought.

右偏置和左偏置一样，偏置成分（右偏置移到句子末尾）在正常位置和代词密切相关（在这个例句中是 they）。徐烈炯、刘丹青（1998：69）将语法上的 dislocation 译为“错位”，下列两例属于语法上的“错位”现象：

（18）a. 小张，我不相信他。

b. 小张，我不相信这个人。

a 句和 b 句中人称代词“他”和名词短语“这个人”分别与话题共指。

Cheung（1997：Ⅶ）指出，右偏置指属于一个句子的成分位于一般认为的句子边界右侧。粤语中的右偏置和英语中的很不相同，英语中右偏置成分和句中后指代词同指，但是在粤语中，这样的同指代词在句中总是不出现。普通话和粤语情况相同。偏置侧重于对成分错置现象的描述，我们认为，偏置正是由漂移造成的结构，所以两个术语体现出过程与结果的不同，漂移是操作过程，偏置是操作结果。

2. 宾语漂移（object shift）

刘丹青（2008b）将 shift 翻译为“漂移”，宾语漂移是一个用来描述宾语在句子内部显性移位的术语。它曾用来描述斯堪的纳维亚语（Scandinavian，如冰岛语、挪威语和丹麦语）（Holmberg & Platzack 1995）。这种移位只影响宾语论元，在一些语言中，它只强制影响代词宾语。然而，在冰岛语中，它可能也影响 DP。当有显性动词移位时，宾语漂移出现。这种动词移位和宾语漂移的关系叫作 Holmberg 规律（Holmberg's generalization）。

（19）a. Han köpte den$_i$ inte t$_i$.
he bought it not
他 买 它 没有

b. * Han köpte boken$_i$ inte t$_i$.
He bought the book not
他 买 这本书 没有
他没有买这本书。

宾语漂移只影响格标记成分（如：代词），并且是非常局部，所以语言学家认为它可能是与格有关的移位，属于 A 移位。此外，宾语漂移也允许浮动量词（quantifier raising），不允许寄生空位，这些特征都属于论元移位理论。

3. 浮游（floating）

《现代语言学词典》（克里斯特尔编，沈家煊译 2000：144）对于浮游（floating）的定义为：生成句法用此术语指句子结构中能从一个位置移至另一个位置的成分，如 all，both。例如：

（20）a. Both the cars have been painted.

b. The cars have both been painted.

浮游是针对个别位置较为灵活的词语而言的，属于漂移中附加语成分的移动。

4. 转移（shifting）

在语言学中，转移（shifting）发生在两个或两个以上成分出现在他们共同的中心语的同一侧的位置互换，从而获得非规范的语序。国内学者刘丹青（2008b）、完权（2012）、林忠（2012）将其翻译为“漂移”，最常讨论的是介词短语的转移。最广泛承认的转移类型是重NP（heavy-NP）转变，转变可能出现在所有的自然语言中。转移不是倒置，倒置也不是转移，但这两种机制比较相似，因为它们都出现在有相对严格的语序的语言中。

（21）a. ? I gave the books which my uncle left to me as part of his inheritance to her.

b. I gave to her the books which my uncle left to me as part of his inheritance.

例（21）a句的语序是规范的语序，宾语名词短语（NP）位于介词短语（PP）前，但是接受度却不高，因为相比介词短语 to her，NP相对更加的“重”（heavy）。而例（21）b句更顺口，因为较轻的PP位于较重的NP前。

根据定义，转移更加侧重于重NP的移位，但是漂移不局限于此，任何不改变句法和语义的移位都是漂移，所以漂移的范围大于转移。

5. 外置（extraposition）

《现代语言学词典》（克里斯特尔编，沈家煊译 2000：137）定义外置（extraposition）为：语法分析用来指将一成分从其正常位置移至（即“外置”于）句子末端或接近末端的位置这一过程或结果。例如：

（22）a. That the boy came in late upset the teacher.

b. It upset the teacher that the boy came in late.

例（22）b句中引入的it称作外置it，外置转换区分为两种类型。一种外置转换是可选的典型例子。例如：

（23）a. Something that was unexpected then occurred.

b. Something then occurred that was unexpected.

c. Did anyone who you expected to help actually help?

d. Did anyone actually help who you expected to help?

e. They called someone to pick up the kids before school.

f. They called someone before school to pick up the kids.

一种在it外置转换的情况下，这个可选性消失了，外置转换是强制性的：

（24）a. * It that it rained surprised us.

b. It surprised us that it rained.

c. * Did it that they had to study disturb them?

d. Did it disturb them that they had to study?

e. * Sarah told it that there would be no dessert to the kids.

f. Sarah told it to the kids that there would be no dessert.

我们发现，外置更多的是 that/wh 从句后移，前面用代词 it 复指，漂移自由度更大一些，不一定需要代词复指；有的外置是非可选性移位，但是漂移一定是可选性移位。

五、漂移的汉语研究

汉语的漂移研究起步较晚，所受关注也不广泛，国际上有 Soh（1998），Yang & van Bergen（2007）先后研究了汉语普通话中的宾语漂移现象。Soh（1998）主要考察汉语中时长/频率短语的位置（如：我去过美国两次；我去过两次美国），Yang & van Bergen（2007）主要从优选论句法框架下考察了汉语漂移宾语的格标记问题。Bell（2019）研究得出西宁方言中存在的宾语漂移现象是语言接触的结果。Huang（1982）首次使用了 scrambling 这一概念来解释汉语语序现象。Huang（1982：152-155）指出，在汉语中，只要异常修饰语全都出现在中心名词之前时，它们的语序在句法上就是任意的，副词修饰语也是如此，这种语序的任意性也是世界上其他许多语言的一个重要特征，在以往的生成语法中，这种任意的语序被称作“scrambling 现象”。scrambling 一语来自 Ross（1967）关于自由语序的分析。Huang（1982：152）指出不同的语言有相应不同的语音形式规则，根据传统的对于任意语序的分析，总是要把某一语序定为基本语序，然后再使用一个漂移规则生成其他的所有语序。和汉语不同，英语中，名词前修饰语语序不可以是任意的，因为汉语有语音层的漂移规则，但是英语没有。如：

（25）a. John's three books.

b. * Three John's books.

Huang（1982）认为漂移不是一种文体风格规则，应把漂移规则定为一个句法规则，这是因为，虽然语序在句法上是任意的，但是不同的语序几乎总是蕴含着不同的意义。如：

（26）a. 张三的三本书在这。

b. *三本张三的书在这①。

(27) a. *我一共看见了戴眼镜的三个学生。

b. 我一共看见了三个戴眼镜的学生。

黄正德认为，从表层结构而不是从语音层变为逻辑形式的语法框架中，应把漂移规则定为一个句法规则。

总之，漂移的研究集中在语序灵活的印欧语系语言中，对于汉语的研究并不充分，汉语漂移现象的性质特点、限制条件、生成机制和驱动因素等问题都值得进一步深入研究。

第三节 汉语相关现象与漂移类型

漂移不仅存在于自由语序语言中，而且也大量地存在于汉语中，传统语言学对此做了充分的讨论和研究，把相关现象称为“易位”“倒装”等。对于汉语来说，“漂移”是一个相对较新的概念和范畴，我们有必要把“易位”“倒装”所概括的语言事实和“漂移”所指对象梳理清楚。

国内学者对于易位和倒装现象的研究非常早，也非常全面，Huang (1982：168) 指出，汉语是 SVO 语言，不是自由语序型语言。汉语中的主语和宾语的语序是固定的。汉语要求 SVO 的语序，这同漂移语言不同。如果 VP 是最大映射，则汉语总是 SVO 的语序。黄正德同时又指出，NP 内的外围成分在语序上是任意的。黄正德认为汉语论元顺序固定，附加语顺序任意。所以汉语的基本固定的语序特点决定了汉语的语序类型，汉语不固定的语序决定了允许语音形式移位的存在。

一、易位句

国内对于易位句研究重要的成果来自陆俭明 (1980)，他对于所有成分可以互易的结构做了描写和分析，指出这种易位结构一般发生在口语中，具有可复原的特征。陆俭明 (1980) 对于汉语口语中的易位现象做了全面的分析与解释，他指出汉语中的主语和谓语，修饰语和中心语，述语和宾语的位置是相对固定的，但是在口语中可以灵活地互易位置。如：来了吗，你哥哥？｜走了吧，大概。他把这种现象称为易位现象。陆俭明将易位类型分为以下几种：主语和谓语易位，状语和中心语

① 笔者的语感认为这句话在口语中是存在的，并不能判定为不合法的句子。

易位，述语和宾语易位，复谓结构组成成分之间易位，述语和补语易位。

对于口语中的重复现象，孟琮（1982）指出这种重复与易位有密切关系，易位是指句子成分转移位置，也可以说是重复。例如：

（28）a. 您怎么着，大哥！

b. 怎么着您，大哥！

c. 您怎么着您，大哥！

易位和重复的唯一区别就是易位成分在原位置是否出现。此外，构成易位句后移部分的成分主要是名词性的，这些名词性成分中常见的是代词，包括人称代词和指示代词，这点和重复是相同的。

易位句和前面提到的移位有差异，最根本的差异是术语提出的理论背景不同，移位是在生成语法框架下提出的，易位是结构主义背景下的术语，所指和所要解决的问题都不相同。陆俭明、沈阳（2003：192）指出，“易位”后的成分不再能分析为这个结构的句法成分，因此只是一种话语平面上的成分移动；而“移位”后的成分却一定可以充当这个结构的句法成分，因此是一种句法平面上的成分移位。所以，他们认为下列“易位”例句中所有 a 句中后置的成分不能分析为主语、宾语、状语、补语等，原因就在于这种“易位”是话语中临时追加或补正造成的，这样的结构违反了一般的句法构造规则。也就是说，“易位结构”只有恢复到原来正常的样子，才是可以进行层次分析的符合规则的结构形式，比较：

（29）a. 太美了，这地方！

b. 这地方太美了！

（30）a. 到家了吧，他大概？

b. 他大概到家了吧？

（31）a. 我们先去上海，打算。

b. 我们打算先去上海。

（32）a. 肚子都疼了，大伙儿笑得。

b. 大伙笑得肚子都疼了。

（陆俭明、沈阳 2003：192）

陆俭明、沈阳的观点反映出了他们所说的可以进行层次分析的“移位”和以上列举的“易位”是有区别的，他们将这种 a 句的“易位结构”中后半部分处理为追加成分而非后置成分，证据是“这样的结构违反一般的句法构造规则”，但是他们同时又矛盾地指出，“易位结构”后面的成分可以恢复原位，能恢复原位的话证明仍然是句子成分，并非追加成分，而真正的追加成分是不能恢复原位的。我们发现，上述观点主要问题在于，将以上 a 句移位现象分析为句法移位，但造成这种临时性可选性的移位的原因用句法移位解释不通；其次，生成语法中的移位没有右向和移位，所以他们否定了移位这个解释方案，采用“追加”的解释。

Cheung（1997，2009）具体考察了粤语中的易位现象，将 dislocation 译为“易位”。例如粤语中：

(33) 两个钟头喇，佢去咗。

他离开了两个小时。

“喇”是语气助词，相当于“了$_2$”。本句意思同“佢去咗两个钟头喇”（他离开两个小时了）。他指出普通话也有类似现象，如：“来了吗，你哥哥?”（陆俭明 1980）。所以，Cheung 所研究的“易位句”也属于漂移的范畴。

总之，对于汉语中易位现象的研究集中在描写和功能、语用解释层面上，没有深入分析这类句子的句法关系和生成机制。

二、倒装句

何元建（2011：448）指出，倒装句（inverted sentences）并非指一种句式，而是多种句式的总称。如印欧语言中的“主语—助动词”倒装，汉语书面语中常见的“直接引语倒装”（“你好大胆”，她说道），修饰语倒装（天黑了，已经），宾语从句倒装（张三住院了，听说），“得”后面的补语倒装（真痛快，洗澡洗得）。北方口语中常有的“顺口主语倒装”（真蠢啊，你）（陆俭明 1980，朱德熙 1982）。

赵元任（1979：44，164）主要对汉语中的“倒装句”进行分析。例如：

(34) a. 进来吧，你！

b. 要睡了，我。

c. 可笑极了，这个人！

赵元任指出，这种句子可以把主语复原到前面去，同时，他又分出来两种倒装，即主语倒装和宾语倒装，并分别进行了分析。

王力（1985：323）指出汉语中存在必要的倒装和自由的倒装。

例如：

（35）a. 今儿甄家送了来的东西，我已经收了。

b. 这个小东道儿，我还孝敬得起。

c. 那灯笼命他们前头点着。

陆俭明、沈阳（2003：194）也区分了倒装和移位，他指出，倒装的成分可以恢复原位，是一种表层结构与表层结构之间的成分位置变化，但是移位的成分不一定都能回到原来的位置，是一种深层结构与表层结构之间的成分位置变化。倒装是移位的一种，是自由移位。他认为，下面结构不是倒装，而是移位现象：

（36）a. 绳子我捆了箱子了。

b. 我把衣服洗干净了。

c. 道理你说得不清楚。

陆俭明、沈阳认为，上例中的“绳子”“衣服”“道理”都是移位生成。朱德熙（1982：221-223）专门介绍了汉语中的倒装现象，他明确指出了倒装的标志和动因。

总体上来说，国内学者较早就关注了易位和倒装现象，相关研究为进一步深化规律总结与理论解释奠定了描写基础。

三、汉语相关语序现象

世界上的语言很多，但基本语序却变化不大，大致有六种（Greenberg 1966，Givón 1984）：主谓宾（SVO），主宾谓（SOV），谓宾主（VOS），宾谓主（OVS），谓主宾（VSO），宾主谓（OSV）。

汉语属于SVO型语言，一般情况下基本语序固定，易位和倒装是在基本语序基础上移位之后造成的结果。这种移位又不同于句法移位，因为这种现象有一个最大的共同点：移位之后不改变句法和语义，可以复位。我们将汉语中的这些灵活语序现象进行通盘考虑，统一考察，对其生成机制、性质类型进行假设和论证，从更大范围内了解这类现象的限制条件与规律。汉语中的相关语序现象包括以下几种类型：

1. 主语漂移

（37）a. 快进来吧，你。

b. 修好了没有，那辆车？

c. 真有意思，这个人！（朱德熙 1982：249）

2. 谓词漂移

（38）a. 他回北京了，听说。

b. 我下周去北京出差，打算。

3. 宾语漂移

（39）a. 香肠，我要买。

b. 小说，我要借一本。（陆俭明 1980）

4. 定语漂移

（40）a. 祥林嫂手里提着一个篮子，空的。

b. 我买了一顶帽子，呢子的。

5. 状语漂移

（41）a. 轻轻地，我走了。

b. 九点半了，都。

c. 掉点儿了，已经。

d. 找着了，大概。（朱德熙 1982：249）

以上每种类别对应本书的一章，每个章节分别从该漂移类型的性质类型和限制条件等方面探讨。

第四节　本书研究意义

一、理论意义

生成语法从 19 世纪 50 年代创立发展到今天，为我们认识语言和分析语言提供了强大的理论工具，其理论框架和内容一直在修订，将来也会不断地发展，但是其核心思想一直没有变化，不断地修订原有理论或者是推翻重新建立新的理论，都是为了有更强的解释力，为了可以解决更多的问题。

本书的理论意义在于基于汉语语序事实，扩展和提升了原有生成语法中移位理论体系。具体体现在：①统一解释汉语中各类漂移现象，促使语言研究从现象深入到其内部机制，揭示语序漂移的内在共性规律。②提升和扩展现有移位理论，提出有别于句法移位和逻辑形式移位的第三种移位类型，扩展现有移位理论的范围和解释力，为新的语序现象提供理论解释工具。③对跨语言语序漂移现象事实的有效分析将为汉语某些有争议的问题或判定标准提供思路和依据，如汉语中倒装和易位问题、话题问题等，对类型学和对比语言学的进一步发展提供可能的解释途径。④对语法—语用界面研究有推进作用，提升移位理论对语用语序问题的解释力。

二、实践意义

本书的实践意义体现在对研究成果的多功能应用上，具体表现为：①在人工智能语音识别系统中，机器存储的语序与口语输入语序的不匹配会影响语音识别，本研究有助于提高人工智能语音识别的准确率，尤其是人机实时对话中对相关灵活语序句子结构的解析和模拟。②机器翻译系统中原端与目标端的语序存在差异，跨类型的语序考察有助于解决机器翻译中新的语序模型建立，提升机器翻译的质量和准确率。③二语习得过程中留学生受到母语负迁移影响，以及对汉语灵活语序的限制不明确，语序偏误贯穿语言学习始终，本研究有助于留学生在学习汉语的过程中更好地把握和习得汉语语序。④漂移现象广泛存在于世界各个语言中，表明其背后蕴含共同的理论规律与大脑神经机制，本研究将对脑科学中和漂移相关的神经机制研究有促进作用。

三、本书语料来源

本书语料部分源于语言学著作中的经典案例，部分源于北京大学中国语言学研究中心口语语料库（CCL）、北京语言大学语料库（BCC）和自建小型口语语料库，包括作者本人及亲友的转写语料。对于有争议的句子，笔者会进一步借助搜索引擎及其他语料库核实。

第二章　主语漂移

第一节　主语漂移的前人研究

关于主语后置，多位学者都已注意到这一特殊现象，例如：

（1）来了吗，他？（陆俭明 1993）

（2）办事挺认真，派出所。（陈建民 1984a）

（3）修好了没有，那辆车？（朱德熙 1982）

（4）一个也没有吃，我。（陆俭明 1980）

（5）可笑极了，这个人！（赵元任 1979）

陆俭明（1980）把这些句子称为“易位句”，他定义易位句的特点是居前的谓语部分是重音，也是语义重心，居后的主语一定轻读，也不能成为被强调的对象；在形式上两个成分可以复位而且意思不变；句末语气词只能加到居前成分的后边。陈建民（1984a：210-221）把这类结构称为“补充性追加”，即说话的时候把急于说的部分先说出来，说完了再加以补充。朱德熙（1982：221-222）认为这些结构属于“倒装”，后置部分必须轻读。赵元任（1979：44）认为这类是“倒装句”，后置的主语可以复原到前面去。吕叔湘（1979：68）不赞同“倒装”的说法，因为“倒装”意味着有“顺装”，如此就“把句子成分的位置绝对化了”。学者们同时指出，这些例句多出现于口语中，居前成分是说话人急于表达想要强调的部分。我们认为，“易位”“补充性追加”“倒装”都是对这类现象的描述，“强调”是产生这一现象的原因。

邢福义（2011：237）也指出，在小句中，相对而言的两个成分可以换位。例如：

（6）多调皮，这孩子！

（7）他说话了，亲切地但是又非常严肃地。

邢先生指出，例（6）是主谓倒置，为了强调突出前半部分“多调皮”，例（7）是状心倒置，为了突出强调后半部分“亲切地但是又非常严肃地”，都是由于语用而导致的倒置现象。后置之后方便突出谓语内容。

对于这一现象，学界各位学者从各个不同的角度对其进行了有益的分析。Cheung（1997）从右偏置（right dislocation）理论角度分析了主语后置现象，指出右偏置属于一个句子的成分，位于一般认为的句子边界右侧。粤语中的右偏置和英语中的很不相同，英语中右偏置成分和句中后指代词同指（Ross 1967），但是在粤语中，这样的同指代词在句中总是不出现。

Cheung（1997：1）指出，相对于左偏置现象，学界对于右偏置现象的关注相对较少。右偏置现象如：

（8）a. 我依几日都好少听书喇。（我这几天都很少听书啦。）（正常语序）

b. 都好少听书喇我依几日。（都很少听书啦我这几天。）（右偏置）

他指出，粤语基本上是SVO语言，副词一般在动词前。例（8）a句是粤语中正常语序的句子，主语NP和副词在动词前。例（8）b句是一个右偏置现象，主语和副词出现在句末位置。Cheung（1997：7）指出，粤语右偏置指的是在表层线性组合的结构：

α（SP）β［α，β＝句子组成成分；SP＝句子标记（sentence particle）］

β被理解为在α（SP）前的一个成分，β可以和一个间隔（gap）相关，一个空语类（pro）形式，或者是β的复制。介于α和β之间的句子标记不是必需的，但是粤语中还是有大多数这样的例句。例如：

（9）a. 钟意食沙律㗎我哋都。（喜欢吃沙拉啦我们都。）

b. 我哋都钟意食沙律㗎。（我们都喜欢吃沙拉啦。）

“钟意食沙律”是α，“我哋都”是β，偏置的部分“我哋都”被理解为仍然在典型的主语位置上：

（10）我哋都钟意食沙律㗎我哋都。（我们都喜欢吃沙拉啦我们都。）

一般来说，句子标记被看作限定句子边界的标记，这也是为什么这些助词被称作句尾助词或者尾助词，所以，任何出现在句中句子标记之后的成分都被认为是错置或者是为修复添加的信息。句子标记出现在非句子结尾位置被看作粤语右偏置的一个特点。

Cheung（1997：5）还指出，粤语右偏置可以分为三类。第一类，右置成分和前面小句中的词汇相关，这一类叫作代词右偏置（pronominal right dislocation）。例如：

（11）佢已经派表喇嗰间学校。（它已经分派表格啦这个学校。）

（12）佢去咗旅行喎阿明。（他去郊游了阿明。）

（Cheung 1997：8）

还有一种是代词右偏置的变体，即重复拷贝右偏置（repeated copy right dislocation）。例如：

（13）佢识点同我哋沟通㗎佢。（她知道怎样和我们交流啦她。）

（14）空手道会系冇嘢学个啰系。（空手道俱乐部没有什么可以学的啦。）

（Cheung 1997：8-9）

第二类，间隔右偏置（gap right dislocation），偏置成分在句内没有对应的词汇。例如：

（15）S唔系好识普通话啰自己。（不是非常了解普通话啦自己。）

（16）但系S冇乜归属感啰都系。（但是没有很多归属感啦都还。）

上例中S表示这是主语的原位，通过右偏置移到了句尾，这种类型的右偏置占据粤语右偏置情况的91.9%。

第三类是前两者的混合。偏置成分由两部分组成，一部分是代词右偏置或重复拷贝右偏置，另一部分是间隔右偏置，这种形式称为混合右偏置（mixed right dislocation）。例如：

（17）我文商㗎我系。（我文学—商业队啦我是。）

（18）咁其实你可唔可以转哩其实你嗰阵时？（所以其实你可不可以转学呢其实你那个时候？）

事实上，Cheung（1997）讨论的这几类右偏置现象和主语后置漂移有很大关系，特别是第一类右偏置，句尾要么是主语的重复，要么是主语后置，但是我们认为，第一类代词右偏置属于主语漂移的范围，第二类不属于主语漂移，第三类中杂糅了主语句尾重复和主语漂移两类现象。

何元建（2011：44-45）对于汉语中主语后置现象的句法结构进行了假设，他指出汉语句子中常常有主语出现在谓语之后的情况，如下例：

(19) a. 老师一定会来。

b. 一定会来，老师。

这是倒装句的一种。在生成语法中，倒装可以看作通过移位来实现的。例（19）中，b句里的“老师”是从句首的位置移到句末的。过程如下：

a.

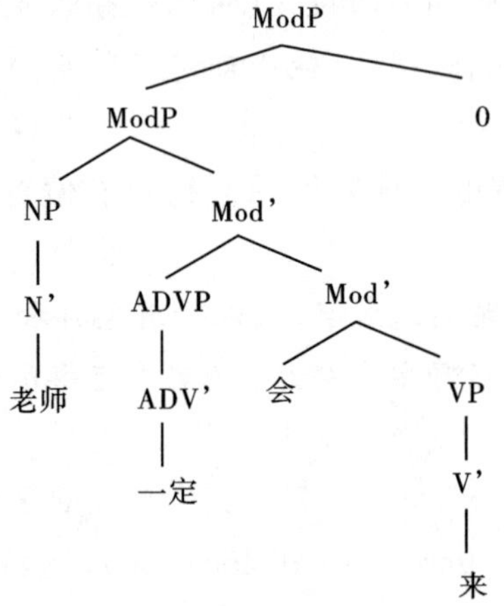

b.

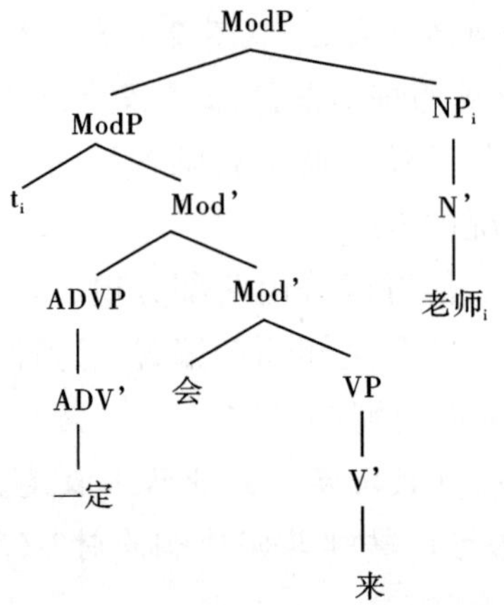

何元建认为，a句中的情态词短语ModP投射成填位结构，“老师”（NP）从原来的位置移走去取代空位，生成b句。我们赞同这种分析，但是主语后移的假设是否仍然属于句法移位是一个可以讨论的问题，因为句法移位是不允许有右向移位，但是何先生并没有定义这种移位的类型。

此外，储泽祥（2012）从主宾位高效角度指出，主宾语位置上可以有其他成分，不仅体词可以占据主宾语位置，谓词也可以占据主宾语位置，并且不同的语义角色都可以占据主宾语位置，让句位发挥出最大的功效。例如：

(20) 语文作业三班学生交了二十八个。

(21) 衬衫我一口气买了七八件。

储泽祥提出“语文作业”“衬衫”是大主语，大主语属于主语范畴。但是我们认为“语文作业”“衬衫”不是主语，因为可以出现下列结构：

(22) 三班学生交了二十八个语文作业。

(23) 我一口气买了七八件衬衫。

我们可以看出，“语文作业”“衬衫”可以很轻易地从主语位置恢复到宾语位置，并且这两个词语位于宾语位置是句子的常态，那么这两例中的“语文作业”“衬衫”是什么成分？可以说，例(20)和例(22)两句话句法语义都相同，例(21)和例(23)表达相同的含义，为什么“衬衫”在例(21)中做主语，而在例(23)中做宾语？我们认为储泽祥(2012)提供的是静态的分析，实际上不同成分是有自己原本生成的位置的，由于各种各样的原因可以移位，所以我们认为，这种将所有出现在句首的NP都分析为主语的处理方法过于形式化，按照这种思维方式推导的话，所有出现在宾语位置上的NP都属于宾语，见下例：

(24) 一口气买了七八件衬衫我。

“我”在线性上看似出现在了句尾位置，但是不能和“衬衫”一起被认定为句子的宾语。

对于主语和谓语的关系问题，朱德熙(1982：109-110)指出，主语和谓语相对于其他各种句法结构关系算是最松的，并且主谓语之间的语义关系有多种组合形式，主语可以是施事、受事、与事、工具、时间和处所。例如：

(25) 花猫逮住了一只耗子。(施事)

(26) 衣服已经缝好了。(受事)

(27) 这个学生我教过他数学。(与事)

(28) 这支笔只能写小楷。(工具)

(29) 明天他们上广州。(时间)

(30) 墙上挂着一幅画。(处所)

对于主宾语和施受之间的对应关系，朱德熙(1982：127)认为主语不一定是施事，宾语也不一定是受事，不能把主语和宾语等同于施事和受事。主语和谓语是句法概念，施事和受事、与事等是语义概念，二者是不同体系内的概念，不能等同。此外，易洪川（1997）从施受关系来考察主语后移现象。例如：

（31）a. 出去了一个人。

b. 一个人出去了。

（32）a. 开了两壶水。

b. 两壶水开了。

他指出，上述结构中宾语实际上是动作的发出者，是施事，这种类型属于“施事宾语句”。

对于施受关系代表的语义角色和主谓宾代表的句法位置，我们不打算在此作为重点讨论，但是我们的观点也十分明确，即赞同生成语法中的题元角色理论和格理论，认为语言遵循普遍语法的一条原则：投射原则（projection principle），即词汇信息决定句子的基本结构。也就是说动词核心决定其前面是一个施事，动词后接的是一个承担动作的客体，这个基本结构是由动词的词汇信息所决定的，所以我们认为，“受事主语句”和“施事宾语句”的分类不符合投射原则，这两类句子的形成一定有其他原因，应该和正常语序的句子结合起来统一考察。因此，我们认为这类“施事宾语句”实际上可以用主语后移来解释，单独分出一类“施事宾语句”并不能很好地解释这类现象，并且掩盖了其与原句之间的变换关系。

张伯江、方梅（1996：30）从信息结构角度指出汉语中的主位后置现象，如陈述句中主位后置现象。例如：

（33）我这么小心注意着成天价，就因为实在不是个圣人。

（34）他骂了我一顿，为你。

疑问句中主位后置现象。例如：

（35）对不对嘛我说的？

（36）我干什么了究竟？

感叹句中的主位后置现象。例如：

（37）这还没结婚呢他们！

（38）多不容易呀，能凑到一起。

祈使句中的主位后置现象。例如：

（39）快出去吧你，帮不上忙还净添乱。

（40）要离就真离，别光说——你要有志气。

否定句中的主位后置现象。例如：

（41）不关自己的事反正。

（42）不嫌寒碜都。

从信息结构角度分析主位后置现象，是对话语功能的必要探讨，上述学者将汉语分为主位和述位，是功能语法对于汉语研究非常重要的尝试和探索，但是主位和述位的确定标准不是十分清晰，并且上述所有主位后置现象中次类非常多，情况也各不相同，仅仅状语后置一种情况在各个类别中都出现了，所以我们认为上述情况可以用漂移理论来统一解释和分析，主位概念属于信息结构系统的概念，我们采用传统语法中的“主语”概念来对于句首 NP（非话题）的漂移情况进行考察。

第二节　主语漂移的性质

通过分析前人相关研究，我们认为对于“施事宾语句”的定性不符合汉语的特点，也不符合语言的普遍规律，Greenberg（1966）指出，世界上绝大多数语言中名词性主语通常位于动词之前。

但是汉语语序相对自由，句子生成之后会有移位等各种变换手段，对于移位来说也有句法移位、逻辑形式移位和语音形式移位，我们认为，主语后置不涉及句法移位和逻辑形式移位，如：

（43）怎么了，你？（孙犁《荷花淀》）

（44）真高啊，这楼！（李胜梅 2007）

（45）来了吗，你哥哥？（陆俭明 1980）

（46）怒吼吧，黄河！（邢福义 2011）

这类主语后置的句子可以轻易地将主语恢复原位，形成常规语序的句子：

（47）你怎么了？

（48）这楼真高啊！

（49）你哥哥来了吗？

（50）黄河怒吼吧！

句子恢复常规语序之后，句法结构和逻辑关系没有发生任何的变化，如果将这种移位判定为句法移位或者是逻辑形式移位的话，不仅不能反映语言事实，而且在句法移位系统和逻辑形式移位系统中无法兼容这种类型的移位，所以，我们认为这种类型的移位属于语音形式移位，主语漂移到句尾位置。Li & Thompson（1981：19）主张，汉语中的词序主要标示语义和语用音素，而不是代表了如主语、直接宾语、间接宾语之类的语法关系。LaPolla（1995：297）主张，语音因素决定动作的实施者是否要放在动词前，语用关系（信息结构）主要决定汉语的语序。

一、主语漂移与追补语

赵元任（1979：75）提出“追补语”的概念，指对于前一个句子的补充成分即是追补语。赵先生指出，追补语的一个特点是可以出现也可以删去，因为前面的小句没有这个追补语也是完整的。例如：

（51）你简直没规矩，越来越。

（52）我今儿不去看戏了——因为天儿太热。

（53）我实在没法儿帮他的忙——虽然他是个老朋友。

陈建民（1984b：521）指出，语法上的追加分为两种，非固定性追加和固定性追加，固定性追加，一般是追加副词，如“几点了都”，这种形式有的已经逐渐固定下来，其中非固定性追加中追加的成分不确定。例如：

（54）干吗去呀，拿着个脸盆。

（55）干吗去呀，匆匆忙忙。

（56）干吗去呀，你哥哥。

（57）干吗去呀，绷着个脸。

（58）干吗去呀，吃了饭。

（59）干吗去呀，告诉我。

陈建民根据先发部分与追加部分的语义关系，将追加分为三类：补充性追加、注释性追加和更正性追加。其中补充性追加如：

（60）说话大方，她。

（61）办事挺认真，派出所。

（62）走啦他。

（63）吃吧你。

（64）没有什么意见我。

陈建民对于补充性追加的描写范围相对较广，例（54）到例（59）这些追加成分情况比较典型，后半部分的话属于独立的小句，不可能和前半部分合并恢复为一句话，但是部分情况［如例（60）到例（64）］可以用主语漂移理论来解释。注释性追加现象解释了为了强调而重复的内容。例如：

(65) 祥子！我找你有事，要紧的事！(老舍《骆驼祥子》)

通过陈建民对于更正性追加的描述可以看出，更正性追加属于语篇或者语流上的更正，超出了句子范围，属于语用范围。所以我们认为，追加不是一个严格的判定标准，追加是一种语言表达手段，比较主观，不是一种句法格式，很难严格区分，由于内容比较繁杂，无法统一处理解释。我们认为追加与漂移是不同系统中的两个不同的概念，追加属于语言表达手段系统中的概念，而漂移属于生成语法系统中移位操作的一种类型。二者本质上来说是不同的，但是在处理语言事实时，二者又是有部分事实重合的，一部分语言现象在传统语法中用追加来解释。因此，我们将陈建民（1984）挖掘的部分现象用主语漂移理论来解释，着眼于对所有临时性的、语用性的移位现象进行统一的解释和处理。

二、主语漂移与右偏置

对于汉语中右偏置研究较早的是 Cheung（1997），Cheung（1997：3）指出，对于右偏置的研究，过去局限于研究其事后思考的功能，很少研究其句法和语义，对于右偏置是否是一种特殊的句法表达式，或者右偏置是不是 Move-α 的一个特例，还没有一个成熟的观点。此外，与印欧语不同，汉语缺乏丰富的屈折形态来表达句子中各个成分之间的句法关系。因此，汉语依赖用词序来表达句法关系，汉语的词序因此相对固定。但是，汉语中各种各样的偏置现象表明语序并不固定，显性句法结构和最终的自然语言语义解读之间的配对关系可能比想象中更复杂。

右偏置现象和漂移有着密切的联系，二者有相当一部分是重合的。Cheung（1997）提出的右偏置是不是 Move-α 的一个特例的质疑符合语言事实，特别是其中对于代词右偏置类型的分析尤其如此，我们认为，这种关于主语右偏置到句尾的类型正属于主语漂移的范畴。

但是，主语漂移和右偏置又有着本质的区别：首先主语漂移的方向不只是右向的，还可以是左向的；其次主语漂移成分可以恢复原位，但是大部分右偏置内容无法恢复原位。

三、主语漂移生成过程

主谓倒序是汉语口语中最常见的现象之一，我们认为主语后置现象是主语通过漂移生成的。主语漂移的起始位置非常明确，即从句首的主语位置出发，通过右向漂移来到谓词结构后面，嫁接在附加语位置上。例如：

(66) 派出所办事挺认真。

其漂移过程如下：

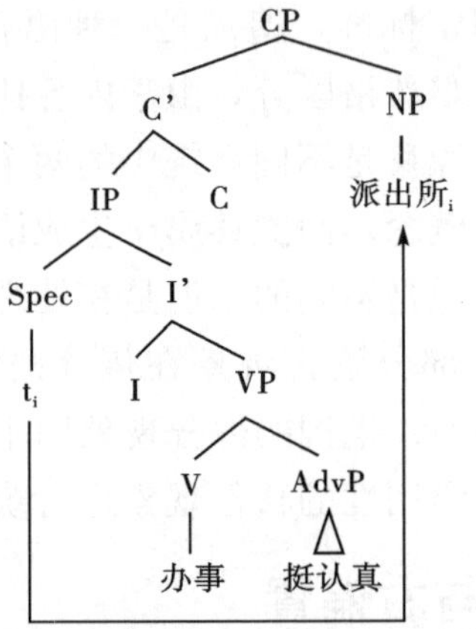

陆俭明（1980）指出，主谓易位结构中，意义重心始终在前置成分上，后移成分永远不能成为强调的对象。但是我们发现，并非所有的居前成分都是被强调对象，后置部分也可以是强调对象。陈建民（1984a：219-220）指出表示时间、处所、方式的介词短语等单独出现在居后位置时，这种居后成分常常成为强调的对象，在意义上显得比先发部分更加重要，同时他还指出“如果是语义的侧重，一般不轻读”。例如：

(67) 上海人，你？

(68) 我见过他一面，在中秋节。

此外，在其他语言中也能发现主语漂移到句尾的情况，包括日语、韩语和印尼语等。杨君楚（2013：223-225）指出印尼语中谓语的位置可以与主语的位置调换，形成倒装句。但是如果谓语是及物动词后接宾语，那么谓语要连着宾语一起与主语位置调换；如果谓语后接补语，谓语部分要连着补语部分一起与主语位置调换。例如，将谓语调换至句首表示强调谓语。其他的以形容词做谓语的或动词做谓语的句子的倒装可以简单地只把谓语部分提前。例如：

(69) a. Tas ini//basgus sekali!　　（印尼语）
这个包　　真好看
b. Basgus sekali //tas ini!
真好看　　这个包

（70） a. Dia//belum dating.

他　还没来

b. Belum dating//dia.

还没来　　他

此外，日语中也有主语后置漂移情况。例如：

（71） a. あなたが　　どうしたの。

anata-ga　　dousitano

你—主语标记　怎么了

b. どうしたの あなた。

dousitano　anata

怎么了　　你

你怎么了？

可以看出，日语中的主语在口语中可以后置漂移到句尾，并且“あなた”在句尾时省略了主格标记“が”。

第三节　主语漂移的类型

前人对于主语易位的类型也做了有益的探讨，陆俭明（1980）从主谓易位角度阐释主语易位现象，认为这种易位现象是主语和谓语位置的互换。例如：

（72）进来吧，你！

（73）要睡了，我。

（74）可笑极了，这个人！（赵元任 1979：44）

事实上，这种易位属于两个成分之间的换位现象，主语可以漂移到很多位置，而不只是和谓语两个成分之间的易位。主语漂移的类型很多，主谓易位只是其中的一种类型。总体上，我们将主语漂移现象分为三大类进行讨论，分别是主语前置漂移、主语后置漂移和主语重复现象。

一、主语前置漂移

主语前置漂移就是主语在语音层中发生了移位，移位方向是左向的，如：

（75） a. 戴眼镜的小丽不打算去射击。

b. *小丽$_i$ 戴眼镜的 t_i 不打算去射击。

例（75）属于简单句中主语漂移，由 b 句不合法可以看出，代词“小丽”位于限定词短语（determiner phrase，简称 DP）的中心位置，不能单独跨越 DP 节点前置漂移。但是整个 DP 前置漂移是允许的，所以主语漂移不能跨越自身的节点。

简单句中主语前置现象较少，较为常见的是嵌套小句中的主语前置现象。例如：

（76）a. 我想小王不会来了。

b. 小王$_i$，我想 t_i 不会来了。

（77）a. 他们说这个人见过我。

b. 这个人$_i$，他们说 t_i 见过我。

（78）a. 班长喜欢的人很多。

b. 班长$_i$，t_i 喜欢的人很多。

（79）a. 韩红唱歌的声音很好听。

b. 韩红$_i$，t_i 唱歌的声音很好听。

前两例是宾语从句，被嵌套的小句中主语“小王”“这个人”可以前置漂移到句首；后两例是主语从句，从句中的主语“班长”和“韩红”也可以前置漂移到句首，和原位留下的语迹同指，语迹还可以用代词来替代，用来复指移出成分。

嵌套小句中还有主语和宾语一同前置的情况。例如：

（80）a. 我认为小张办不了这件事。

b. 小张$_i$，这件事$_j$，我认为 t_i 办不了 t_j。

c. 这件事$_j$，小张$_i$，我认为 t_i 办不了 t_j。

（徐烈炯、刘丹青 1998：61）

但是这种情况并非普遍存在，如果小句中主语和宾语都是指人名词，则二者一同移出不合法。例如：

（81）a. 我认为经理不会开除小王。

b. *经理$_i$，小王$_j$，我认为 t_i 不会开除 t_j。

但是如果小句中的主语单独前置漂移，则句子是合法的。例如：

（82）c. 经理$_i$，我认为 t_i 不会开除小王。

此外，内嵌层次较多的小句中的主语也可以移至句首：

（83）小明的婚事，我觉得老王暗示过这件事不合适。

相对来说，主语前置漂移现象较少，因为主语的原位已经位于句子较靠前的位置，除非有特殊情况才会进一步前置漂移。主语前置漂移的限制条件如下：

①句首主语为限定词短语结构（DP）时，DP 核心代词不能移出所在的 DP 节点。主语只能作为一个整体进行漂移。

②主语嵌套小句和宾语嵌套小句中的主语可以前置漂移，原位可以用代词复指。

主语漂移之后，原位留有语迹，一般可以有代词复指。例如：

（84）张先生$_i$，我认识他$_i$。

（85）我这支笔$_i$啊，它$_i$写了一本书。

（86）我这把刀$_i$啊，它$_i$砍倒过一棵大树。

徐烈炯、刘丹青（1998：124）指出，上例中“张先生”是指人的话题，“我这支笔”和“我这把刀”是无生命物的话题。指人的话题，用“他”复指比较自由，而不指人的话题尤其是指无生命物的话题，用“它”来复指就不是很自然。

我们赞同这种事实观察，主语前置后，原位一般用代词复指，但是我们可以看出，例（84）和例（85）、例（86）最大的差别不在于主语是指人话题还是指物话题，而是例（84）中复指的是宾语，“张先生”是宾语前置到句首，而例（85）、例（86）复指的成分不是句子主干成分，而是属于附加语的介词短语的内部中心语“这支笔”“这把刀”，事实上例（85）、例（86）的深层结构是：

（87）我［$_{PP}$ v 这支笔］写了一本书。

（88）我［$_{PP}$ v 这把］砍倒过一棵大树。

例（86）、例（85）深层结构相同，“这支笔”在句中的介词短语内，但是介词却没有出现，只有一个轻动词来赋格。之所以徐烈炯、刘丹青认为例（85）、例（86）中的无生命物话题被复指不是很自然，是因为谓头的位置是介词短语作为附加语的原位，原位是不需要任何复指标记的，如果移出原位，那么在原位置用代词复指就是非常自然的，如例（84）。

学界常常把主语前置漂移之后的成分定性为话题，主语和话题确实是有千丝万缕的联系。我们认为，话题只是句首名词短语的功能，话题是由主语添加话题功能或者是经过语音形式移位之后添加话题功能形成的，所以如果说漂移是生成过程，那么话题则是句法功能。

二、主语后置漂移

陈建民（1984b）指出大部分主语后置类型都属于补充性追加，陆俭明（1980）也分析了这类现象。例如：

（89）酸不酸，这梨？（＝这梨酸不酸？）

（90）真高啊，这楼！（＝这楼真高啊！）

（91）不太贵，那钢笔。（＝那钢笔不太贵。）

陆先生认为这种现象是主谓易位，没有特别指出是主语后移还是谓语前移。我们认为这种主谓易位实际上是由于主语漂移至句尾，而非谓语前置。首先是因为主语相对于整个谓语成分来说结构成分比较简单，移位操作相对容易，而谓语成分结构复杂，移位的难度相对较大。其次是主语可以轻易地复位。例如：

（92）——酸不酸，这梨？

——什么？

——我说，这梨酸不酸？

（93）启森啊，那女孩，是谁？……是谁啊，那女孩？

（王海鸰、王朔《爱你没商量》）

再次是因为汉语中主语可以不出现，但是谓语必须有。最后是因为后移主语一定不是重音，陆俭明（1980）指出，易位句的语句重音一定在前置部分上，后移部分一定轻读。

主语漂移中绝大多数情况是后置漂移，根据主语的类型不同，后置漂移的主语成分类型也不同，一般情况有下列几类。

（一）典型主语后置漂移

典型主语指的是学界没有争议的主语成分，一般情况下，下列例句中的主语成分都可以后置漂移，主要包括代词主语后置漂移、名词主语后置漂移和动词性短语做主语后置漂移。

代词主语后置漂移的情况，如：

（94）怎么了，你？

（95）北京人，他？

（96）说话大方，她。

（97）怎么，反了你。

（98）走啦他。

（99）吃吧你。

（100）没有什么意见我。

上例中句首都是代词做主语，一般情况下都可以后置漂移到句首，这种后置一般发生在口语中。

名词主语后置漂移情况，如：

（101）怒吼吧，黄河。（邢福义 2011）

（102）混凝土的，这栋楼。

（103）几点了，现在？

（104）一斤三块六，苹果。

（105）甜不甜，葡萄？

（106）办事挺认真，派出所。

（107）搁盐太少，面条。

还有名词性短语做主语后置的情况，如：

（108）看了很伤感，这个电影。

（109）反正跑不了，这个死丫头。

（110）用完了吗，这个月的零用钱？

（111）是小王吗，刚进门的？

（112）手机丢了，谁的？

例（108）到例（110）中的名词性短语是限定词短语（DP）做主语，例（111）和例（112）是“的”字短语做主语后置漂移。

此外，还有动词性短语做主语后置的情况，如：

（113）真没意思，老下雨。

（114）不要紧，刮风。

（115）不是坏事情，当公务员。

主语后置漂移的限制条件有：

第一，固定搭配（如“你好”“你中有我，我中有你”）中的主语不能漂移，如：

（116）a. 你好。—*好你。

b. 你中有我。—*中有我你。

有时候整个谓语为单音节词时，主语看起来不能漂移，如：

（117）a. 我来。—*来我。

b. 我来了。—来了我。

c. 你走。—走你。

d. 你吃。—吃你。

我们发现，“走”是不及物动词，一般情况下“走”后面不能接宾语，只能接地点名词之类的成分，“走你”属于网络语体，是新兴词汇组合，现在已经逐渐词汇化，而“你走”还是常规的主谓结构。但是二者确实有分不开的联系，我们认为，“走你”是从“你走吧”经过主语后置漂移形成“走吧你”，然后语气词逐渐脱落形成的固化结构，现在已经词汇化，所以事实上，“走你”并不是直接在单音节词做谓词的情况下主语后置漂移，因为主语后置漂移时，谓语为“走吧”，而组合为一个词是后来发展的新用法。同样 d 句也是这样，如果单从字面上去理解“你吃”和“吃你”，二者语法差别和语义差别很明显，“吃”是及物动词，“吃你”和“你吃”的句法结构和语义内容完全不同，但是和“走你”类似，在口语中有时也会出现“吃你”表达“吃吧你”含义的情况，在口语中语气词有时会语音脱落。

第二，疑问代词做主语，主语不能后置漂移，如：

（118）a. 谁打破玻璃？

b. *打破玻璃？谁。

（119）a. 谁的电脑丢了？

b. 电脑丢了，谁的？

看起来例（119）违反了上述概括的限制条件，但事实上，疑问代词“谁”在这里不做主语，只是主语的限定性成分。此外，疑问代词除了“谁”之外，还有“哪”“怎么”，这些疑问词也都遵循这个限制规律，不能随意漂移，如：

（120）a. 哪儿着火了？

b. *着火了，哪儿？

（121）a. 怎么做蛋糕？

b. *做蛋糕怎么？

（122）a. 怎么不回家？

b. *不回家怎么？

上例中的“怎么”表达 how 和 why 的含义，“为什么”和这一类“怎么”属于相对独立的成分，在句中不能做主语。

第三，主语后置漂移只能移至句尾嫁接的位置，如：

（123）a. 我吃饭了。

b. *吃我饭了。

c. *吃饭我了。

d. 吃饭了我。

句子主干位置不允许有接纳主语的位置，所以主语漂移的位置相对比较固定。

典型主语后置漂移的生成过程见下例：

(124) 真高啊，这楼！

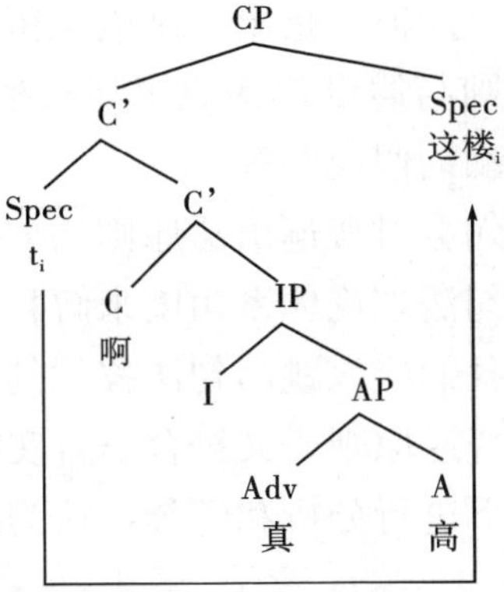

此外，主语常常和其他成分一起后置漂移，如：

(125) 造福人类吧你就！(《王朔文集》第 4 卷)

(126) 搁哪儿了我给？(《王朔文集》第 4 卷)

(127) 会来的我想，只要没别的要紧事。(王海鸰、王朔《爱你没商量》)

(128) 他回来了，我听说。(郭琳 2007)

例 (125) 中"你"和副词"就"一同后置漂移，例 (126) 是主语和介词短语"给 [PRO]"一起后置漂移，例 (127)、例 (128) 两例都属于主语伴随谓词后置漂移。此外，陈建民 (1984b：527) 指出，还有一起追加的两个成分，如：

(129) 怎么了，车，妈？

(130) 快点，你，干脆！

我们认为，例 (129) 中后置的只有"车"，而"妈"不属于句子结构中的成分，属于呼语，位置可前可后。例 (130) 中"你"和副词"干脆"一起后置漂移，形成"快点，你干脆。"只是在停顿上由于说话人急于表达特定成分，造成非常规停顿。

(二) 保留宾语句的漂移

在主语后置漂移类型中，还有一类特殊的类型，传统语法中将其称为"保留宾语句"，即不及物动词后可以接名词性成分，如：

(131) a. 王冕七岁上死了父亲。

b. 李奶奶瞎了一只眼。

c. 那家公司沉过一条船。

d. 行李房倒了一面墙。（潘海华、韩景泉 2008）

潘海华、韩景泉（2008）指出，汉语保留宾语结构的存在对诸多重要的普遍语法理论原则与假设都构成了严重挑战，其中包括“格理论”“题元准则”“非宾格动词假说”等。

之所以保留宾语句会对普遍语法原则构成挑战，是因为解释保留宾语句的角度问题，从句法理论体系角度来解释保留宾语句，必然会违反众多普遍语法规则，我们应该跳出句法移位的范畴，从语音形式角度来解释，这样既不违反普遍原则，又符合语言实际。我们将保留宾语句放入主语漂移理论框架下进行分析和解释，认为保留宾语句的形成是由于句首主语后移导致的。

关于保留宾语句，徐杰（1999）首次将保留宾语句和“领主属宾句”结合起来考量，并给出统一的解释，同时徐杰（2001：31）指出，“一个老头死了”和“死了一个老头”的深层结构有两种可能：

①深层结构：一个老头死了

派生过程：名词后移

表层形式：

A 式：一个老头死了

B 式：[t] 死了一个老头

②深层结构：死了一个老头

派生过程：名词前移

表层形式：

A 式：一个老头死了 [t]

B 式：死了一个老头

徐杰论证了第二种深层结构的合理性，论证依据是：名词性成分的移位都是向上的，提升的，而不是向下的，下降式的。不仅名词移位要遵循这个方向限制，汉语和其他语言中所有的移位现象都要遵循这个规律。

我们认为，徐杰（2001）对于“死了一个老头”的分析在传统语法为主流的背景下具有突破性，他将汉语中的个别现象纳入普遍语法原则体系内，拓展了新的研究思路。但是我们发现，前人将汉语中的保留宾语句和话题句都处理为句法移位，我们认为保留宾语句不属于句法移位，因为这种移位具有可选性，并且移位之后不改变句法结构，如：

(132)

A	B
两个人来了	来了两个人[①]
三块木板飘着	飘着三块木板
一只狗死了	死了一只狗
一条船沉了	沉了一条船
一班学生走了	走了一班学生
一栋房子塌了	塌了一栋房子
一个杯子碎了	碎了一个杯子
很多梨烂了	烂了很多梨

（徐杰 2001：30）

王冕七岁上死了父亲	王冕七岁上父亲死了
那个工厂塌了一堵墙	那个工厂一堵墙塌了
那家公司沉过一条船	那家公司一条船沉过
张三烂了一筐梨	张三一筐梨烂了
他死了四棵桃树	他四棵桃树死了
行李房倒了一面墙	行李房一面墙倒了
这件褂子掉了两个扣子	这件褂子两个扣子掉了
他倒了两间房子	他两间房子倒了

（徐杰 2001：25）

通过对比 A 列和 B 列，我们发现，不论名词性短语是从宾语移至主语位置还是从主语位置移至宾语位置，可以看出移位前后句子的句法结构和语义关系没有发生变化，甚至在语用上和修辞上的差异也不明显，很难说清楚哪种类型表达什么语用含义，所以，我们认为这种移位不改变句法结构和语义关系，因而我们把这类保留宾语句放在漂移理论内处理。

徐杰（2001）同时也指出，对于“一个老头死了”的两种深层结构的分析都可以解释，并且两种假设不是一种更优于另一种，而是分别都有证据支撑。徐杰指出，就朴素的语感来说，也许会倾向于采取第 1 种分析法，会认为“死了一个老头”是通过名词后移从“一个老头死了”派生出来的，因为“死”是不及物动词，能带的唯一名词性短语应该是

① “两个人”位置不同可能涉及定指与不定指的区别。

主语而不是宾语。我们认为深层结构为：

（133）一个老头死了。

“一个老头”是“死”的主语，一定是生成在“死”的主语位置而非宾语位置，因为“死”是不及物动词，无法给在宾语位置的名词短语分派题元角色。

漂移的移位方向可以是向左向上，也可以是向右向下的，我们认为“死了一个老头”是“一个老头”从主语位置右移至宾语位置，因为主语位置已经得到了题元角色和主格，所以这种移位不是受格驱动的主语后置漂移移位，如下所示：

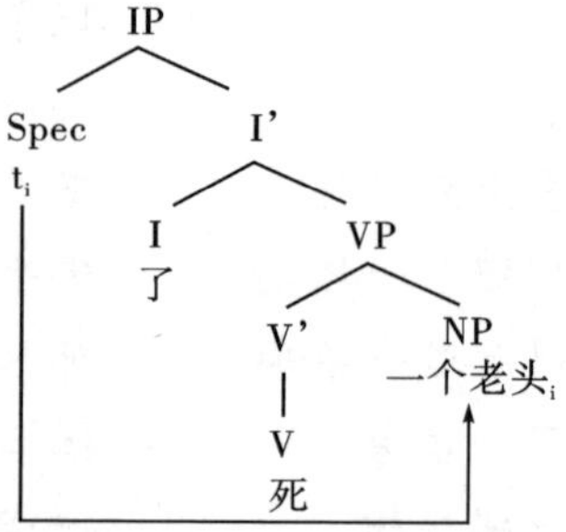

“一个老头”在语音形式上漂移至嫁接的 NP 位置，和句首的 t_i 有同指关系，但不遵循空语类原则限制。

那么怎么解释句首还留有一部分 NP 的保留宾语句呢？我们认为留在句首的“张三”是句子中真正的话题，如：

（134）a. 张三死了两只狗。

b. 张三两只狗死了。

此外，保留宾语句还有一个特殊性在于其不及物动词属性，如：

（135）a. 王冕死了父亲。

b. 王冕父亲死了。

c. 死人啦！

我们认为 b 句是表层结构语序，“死”后面不能有成分，因为没有题元角色，a 句是在 b 句基础上经过“父亲”后置漂移才形成的结构，如：

（136）a. 王冕七岁上死了父亲。

b. * 王冕父亲七岁上死了。

c. 王冕七岁上父亲死了。

为什么 b 句不合法，是因为这个“七岁”是嫁接成分，可以嫁接在

"王冕"上，不能嫁接在"王冕父亲"上。为什么 a 句中主语"父亲"可以漂移到动词后面？这是"死"这个词的特殊性导致的，因为"死"已经语法化为致使动词，如果将"死"换成"去世"就没有这种语序，如：

(137) a. 王冕父亲去世了。

b. *王冕去世了父亲。

所以，保留宾语句的分析一方面要注意到其不及物动词的特殊性，一部分不及物动词已经发生变化，同样是不及物动词，只有其中一部分后面允许带名词性成分，另一方面要从主语漂移角度来解释这种现象的生成过程。

三、主语重复

关于主语句尾重复，学界较早就针对这个问题进行了探讨，陈建民（1984：179）指出了主语可以在句尾重复的现象，他指出主语重复并不改变句子结构和语义，也不增添任何新的含义和内容，并且也没有添加任何修辞效果，它的作用主要是强调，使语气加强。

我们赞同陈建民对于这种现象的描述，这种重复不改变句子的含义，也不表达修辞效果，更不会改变句子的句法结构，这种重复在性质上和语音形式移位是吻合的，所以我们认为，这种重复其实是主语漂移的一种表现形式。

陈建民（1984a：179）同时指出，重复一般发生在说话比较急促时，重复的部分跟前面相邻的音节当中无停顿，如：

(138) 你叫什么你？

(139) 你欺了祖你。

(140) 这件行李是谁的这件行李？

(141) 小李儿怎么没露面儿呀小李儿？

陈建民指出，重复的部分不只是主语，还可以是其他成分，如：

(142) 都给你问好了都？（重复的部分为副词）

(143) 干脆留个平头干脆。（重复的部分为副词）

(144) 给人家做饭洗衣服给人家。（重复的部分为介词短语）

赵元任（1979：44）也认为这是一种"重复"。他指出，这种句子可以把主语复原到前面去，然后在后面重复一下：

(145) 黑猫吃，黑猫！

孟琮（1982）也认为这是一种“重复”：

（146）你跟我嚷什么你？

（147）那次没说清楚那次。

（148）这回猜对了这回。

（149）早晨下雪了早晨。

孟琮指出，易位句的后移部分之后不能有语气词，如果加了语气词，则后移成分不能还原。

但是，陈建民和孟琮没有解释为什么只能是主语重复，为什么重复只能出现在句尾而非其他位置，重复的语法意义是什么，为什么只能重复一次，不能多次重复等问题。我们认为，重复不是句法操作手段之一，重叠、删除、添加才是，上述这种定性对于问题的解释有一定的帮助，但是不能解释所有相关现象。

此外，史有为（1995）将重复句和易位句区别开来，如：

（150）来了吗，他？

（151）你怎么啦，你？

史有为将这两种情况都看作重复，只不过例（150）中句首被重复成分没有出现。二者共同点有：

①重复部分一般出现在句尾，语气词一般在重复部分之前；

②重复部分一般只出现一次；

③重复部分不承担句重音，句重音在重复部分前面的部分；

④语音上和前面的音节连接较紧，其间的停顿不大于音节间的停顿。

很明显两种类型共性大于特点，不容易并且也不必要对其作出区分，所以我们认为前人认为的主语易位句或者是主语重复句，属于同一种现象。

综合前人观点，黎锦熙（2007）认为这种类型属于倒装句，这种定性是在句法理论框架下的判定，认为主语句法移位到句尾；陆俭明（1980）认为这种现象属于易位句，赵元任（1979）认为是重复，史有为（1995）认为是“追补”，我们认为，“追加、追补”是表义功能，而非操作手段，二者不能混淆，通过某种操作手段，达到表义上追加追补的功能，所以我们认为是主语漂移。

对于这种重复句的具体生成过程，我们假设如下：

（152）S-结构：你叫什么？

第一步，在 PF 层主语后置漂移到句尾：t_i 叫什么你$_i$？

第二步，在 PF 层主语语迹位置用同指代词替代：你$_i$ 叫什么你$_i$？

所以，传统语法中的重复句实际上是主语漂移的一种表现形式，语迹位置可以由相同的代词或者名词替代，也可以用同指词代替，如：

（153）小李$_i$ 回家吗你$_i$？

所以主语的重复不限于使用同样的词汇来重复，只要是采用同指的词语或者短语都可以归为主语重复。

第四节　主语漂移的限制条件

对于主语漂移，一般来说限制条件不是十分严格，因为主语漂移的前提条件是不会和宾语混淆，并且主语漂移一般只有两个位置，一个是句首，一个是句尾，都属于嫁接的位置。根据主语前置还是后置漂移的方向不同，限制条件也不完全相同。首先，对于主语前置漂移的限制条件有：①句首主语为限定词短语结构时，DP 核心代词不能移出所在的 DP 节点。主语只能作为一个整体进行漂移。②主语嵌套小句和宾语嵌套小句中的主语可以前置漂移，原位可以用代词复指。

其次，对于主语后置漂移的限制条件有：①固定搭配中的主语不能漂移；②疑问代词做主语时，主语不能后置漂移；③主语漂移只能移至句尾嫁接的位置，句子主干位置不允许有接纳主语的位置，所以主语漂移的位置相对比较固定。

综合以上观察与总结，可以发现除了差别之外，主语前置漂移和后置漂移还有以下共性：

第一，不论是词汇还是短语做主语，都不能拆分开来单独进行漂移，如：

（154）a. 乐队的主唱还没回来。

b. *乐队的还没回来，主唱。

c. *主唱，乐队的还没回来。

主语中的中心语不论是后置漂移，如例（154）b 句，还是前置漂移，如例（154）c 句，都不能单独移出，漂移必须是一个完整的主语成分。

第二，主语不论前置漂移还是后置漂移，原位都留有语迹，可以被同指代词复指，如：

(155) a. 小李$_i$，他$_i$/t_i 没带书。

b. 他$_i$/t_i 没带书，小李$_i$。

第三，只有两个位置可以接受主语漂移，一个是句首的嫁接标志语位置，一个是句尾的嫁接标志语位置，句中的其他位置都不允许接受主语漂移。

第四，在嵌套小句中不允许主语和宾语同时漂移出原位，如：

(156) a. 我认为经理不会开除小王。

b. *经理$_i$，小王$_j$，我认为 t_i 不会开除 t_j。

c. *我认为 t_i 不会开除 t_j，经理$_i$，小王$_j$。

第五，汉语允许无主句，这是造成主语可以前置漂移和后置漂移的根本原因。

总之，主语漂移是漂移理论中的一个重要组成部分，主语因为自身原位比较特殊，已经位于句首，所以主语前置漂移现象并不普遍也不典型，相对使用较多的是主语后置漂移现象，此外我们分析了和主语漂移相关的两类现象，保留宾语句和重复，我们认为这两类现象都是主语漂移的表现形式，都可以统一用主语漂移理论来解释。

对于主语可以漂移的原因，石毓智、李讷（2001：41）指出，代词是人类语音中的一个特殊成分，它常常语音弱化或者简化，并逐渐发展成为一个附着成分。代词的语音弱化也受所出现的句法位置影响，宾语位置的代词语音最容易被弱化，如在口语语流中，“找你”“叫我”等结构中代词的语音弱化很严重，韵母一般会丢失，只剩下声母（王理嘉 1993：128）。我们认为，代词做主语也符合简化的普遍现象，句尾重复的代词可以看作是一个附着成分，相对于句子主体成分已经弱化。

第三章　宾语漂移

第一节　宾语移位的前人研究

一、宾语确定的相关研究

如果认为宾语发生了移位的操作，那么这种观点有一个预设基础，即宾语一定是从某个固定的位置移出。所以，要研究宾语移位，先得确定宾语的位置和性质，那么这个固定的位置怎么确定呢？这个问题的研究从 20 世纪“主宾语问题大讨论”就开始了，我们先简要梳理一下前人的论述。

范晓（2006：3-13）指出，20 世纪 50 年代的“主宾语问题大讨论”中对于宾语确定主要有三种观点：第一种观点认为确认宾语应以意义为主，认为汉语施事是主语，受事是宾语。第二种观点认为宾语确定应以形式为主，以语序为主，以意义为辅，但吕叔湘（1984：536）指出，汉语中如果动词前出现多个名词短语，怎么确定哪个是主语仍是个问题。第三种观点综合了前两种观点，认为应该同时兼顾形式与意义，但是对于怎样兼顾二者，却没有给出具体的指导。

丁声树（1961：12，25-27）主张把位置作为判断宾语的标准，把动词后面的成分都看作宾语，把动词前的名词性词语都分析为主语。朱德熙（1982：110）持同样观点，认为主语一定在谓语前，宾语一定在述语后。

但是，不少学者认为只按照位置来确定成分太绝对。胡裕树（1981：382-383）认为同样的成分可以位于不同的位置，宾语可以位于动词后面，也可以前置到动词前的位置。他指出：宾语位于动词前，只改变了宾语的位置，没有改变动词和宾语之间的结构关系。我们赞同胡裕树（1981）的观点，这也是宾语漂移的一个支撑观点。持类似观点的是屈承熹（2005：193），他认为“我写信了”“信我写了”“我信写了”三个句子是同样的结构，三个句子中的“我”都是主语，所有的“信”都是宾语，不会因为位置的变化而变化。

邢福义（2011：243-244）指出，宾语是跟动词相对而言的成分，是动词后表示人物或事件的成分。宾语从语义上可以分为：①受事宾语，表示动作的承受者。②施事宾语，表示行为动作的发出者。③中性宾语，跟施受无关的宾语，包括处所宾语、工具宾语、与事宾语、判断宾语等。由此可以看出，邢先生也基本上主张主要以意义为标准来判断宾语。

传统语法研究之外，生成语法对句子中主要成分的基本结构和位置也有相关研究，生成语法是根据词汇的投射来确定句子基本结构的，从句子结构上能确定基本成分的基础位置，我们认为，宾语位置是由动词基本信息投射出来的。例如，“买房子”中“房子”的投射原位为动词后的 NP 位置：

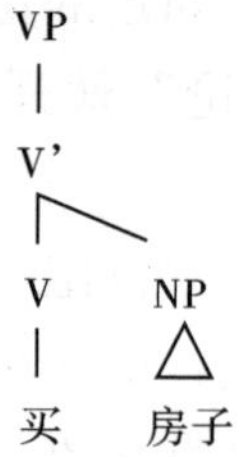

所以我们的观点和胡裕树（1981：382-383）指出的“宾语前置并没有改变动词和宾语之间的结构关系”的思路一致，如下列句子中的宾语，很难说在其他句子中变成了其他句子成分。

（1）a. 我买了房子。

b. 房子我买了。

两个句子在语义语法语用上都没有很明显的差异，所以符合生成语法中的一致化（uniformity）现象。一致化是指在某个分析层面上把两个具有某些共同特征的现象视为相同的现象，所以我们认为例（1）的 a 句和 b 句是相同的句法结构类型，不能因为“房子”移到句首，就否定“房子”和“买”之间的动宾句法关系，不论“房子”移到哪里，都改变不了其内在的句法结构关系。因此我们不能因为同一个成分在不同句中位置不同就认为其句法性质发生了改变。此外，吕冀平（1999：222）也指出宾语可以在一定条件下提到动词之前。

二、宾语移位的相关研究

既然我们认同宾语在句子中有固定的句法位置这个基本观点，我们就要解释为什么可以分析为宾语的成分可以出现在句子中其他位置。关于宾语移位的相关文献非常多，其中多数是研究宾语的句法移位，也就是宾语的移位直接改变句子的结构等，本章主要讨论不改变句子结构的宾语漂移现象。但是在前人研究中，宾语漂移和宾语句法移位并没有得到很好的区分，我们梳理出可以归纳为宾语漂移的三类现象：述宾易位、左偏置和话题。下面主要介绍前人观点和成果。

（一）述宾易位现象研究

陆俭明（1980）从述语和宾语之间的易位关系着手，将其分为三类：

A. 无主句：述语+宾语→宾语，述语。例如：

（2）啤酒吧，喝点儿。（=喝点儿啤酒吧。）

（3）不去了，准备？（=准备不去了？）

B. 主谓句：主语+［述语+宾语］→主语+［宾语，述语］。例如：

（4）我自己去一趟，准备。（=我准备自己去一趟。）

（5）我们再种点儿芝麻，打算。（=我们打算再种点儿芝麻。）

C. 主谓句：主语+［述语+宾语］→［宾语］，主语+［述语］。例如：

（6）他回来了，我听说。（=我听说他回来了。）

（7）你们的副主任，我认识。（=我认识你们的副主任。）

（8）小说，我要借一本。（=我要借一本小说。）

陆俭明指出，A类可以不必追究它到底是述语后移还是宾语前置，B类看作述语后移，C类看作宾语前置。

陆先生对宾语易位情况进行分类很有必要，并且按照有无主语的不同进行探讨也可以发现一些新的现象，但是这种分类实际上同时也隐藏了一些移位成分不同的问题，我们发现A类中的例（2）和C类一样，都是宾语前置漂移，只是A类和C类的句子结构不同，A类中的例（3）和B类我们将其归为谓语后置漂移。我们受到前人研究方法的启发，将从新的视角对于宾语易位现象进行分析。

此外，陆俭明（1980）总结出述宾易位的一些规律：

①A、C两类的宾语都可以是体词性的，但二者还稍有不同。在A类中，体词性宾语要求由“数量名”结构充任，C类中的体词性宾语不受这个限制。②如果把“香肠，我要买”和“电影，他想看”中的主语“我”“他”省去不说，句子就不成立。

但是我们认为，就本书所举的例子不能严格地体现出这两个规律。对于规律①，A类并没有体现出“体词性宾语必须由‘数量名’结构充当”，此外，“喝点儿啤酒”也不是“数量名”结构；对于规律②，汉语中允许无主句的存在，所以省去主语句子仍然成立，如：

(9)“要买什么?”“香肠，要买。”(＝要买香肠)

(10)“想看什么?”“电影，想看。”(＝想看电影)

陆俭明指出，述宾易位句中的A类和C类跟受事主语句是同形异构，如表3-1所示。

表3-1　A类和C类述宾易位句和受事主语句的比较

受事主语句	A、C类述宾易位句
a. 块儿糖就买了两斤。	a’. 块儿糖，就买了两斤。(＝就买了两斤块儿糖。)
b. 你们的副主任我认识。	b’. 你们的副主任，我认识。　(＝我认识你们的副主任。)

陆俭明指出，受事主语句和述宾易位句所包含的词语相同，词语排列的次序也相同，但是在层次构造、结构关系上都不同，并且语音形式也不同。区分二者的证据是例a受事主语句的语句重音在“就”上，而例a’述宾易位句的语句重音在“糖”上；例b受事主语句的语句重音在“认识”上，而例b’述宾易位句的语句重音在“任”上。

我们认为，首先，是否重音和两类句法结构之间没有直接的证明关系，并且重音的确定没有明显的判定标准，可信度不高。其次，区分受事主语句和述宾易位句很困难并且也没有必要，不应分开分析和解释，应该归为一类统一解释，都是宾语漂移至句首造成的现象。

史有为（1985）指出，易位句是由“常位”句内部各直接成分的位置互换而来，是一种双方面的移位，是直接成分的位置互换。但是史有为认为易位并不能解释相关的其他现象，相比之下，“倒装说”倒比“易位说”更为简明。

（二）左偏置现象研究

英语中最早使用左偏置（left dislocation）这一术语的是 Ross（1967），文旭（2005）指出，左偏置是指在名词短语左移到句首，而其原位置则由一指称相同的代名词或名词短语填充，如：$John_i$，I liked him_i/the old $chap_i$.

Ross（1967）区分了左偏置和话题化的区别：

话题化（topicalization）：

$$\begin{array}{l} X-NP-Y \quad\quad OPT \\ \;\;1 \quad 2 \quad 3 \;\Longrightarrow \\ 2\# \; [1 \quad 0 \quad 3] \end{array}$$

但是，左偏置的移位如下所示：

左偏置（left dislocation）：

$$\begin{array}{l} X-NP-Y \quad\quad OPT \\ \;\;1 \quad 2 \quad 3 \;\Longrightarrow \\ 2\# \; [1 \quad [2] \quad 3] \\ \quad\quad\quad +Pro \end{array}$$

生成语法认为，左偏置与话题化不同，左偏置因为句中没有空位，所以被认为是基础生成，而话题被认为是移位生成。有学者指出，不能用 α-移位理论来解释左偏置结构，如：

（11）$John_i$，I think he_i's the pits.

上例中的 John 不是从 he 的位置移到句首的，而是由词组结构规则直接生成的，在左偏置句式中，语迹不是一个空位，必须有一个代名词来填充这个位置。

我们认为，Ross 区分左偏置和话题化两种不同的现象具有非常细致的观察力和分析力，但他是着眼于左偏置和话题化在句子结构和形式方面的差异进行区分，从而确定二者是由不同的生成方法生成的，前者是基础生成，后者是移位生成。对于左偏置现象，Radford 处理为基础生成格式，最重要的原因是他认定左偏置不同于 α-移位，不能用 α-移位理论来解释，这里的 α-移位指的是狭义的句法移位，所以为了不和句法移位的理论原则和体系冲突，他选择了其他的解释方案。我们认为基础生成的方案提供了不同的解决方法和视角，但事实上，句首的成分无法和宾语位置上的成分或者语迹摆脱紧密的联系，一般情况下是同指的代词或者名词短语，如果忽略这种同指关系，认定句首名词短语是基础生成的，则是没有将语言事实和语言规律完全纳入考虑体系内。我们发现，从移位性质和特点来看，话题化和左偏置都是可选性移位，都不改变句子句法结构，二者存在细微的差异是因为对语迹的处理不同，一个语迹是空的，一个语迹由同指代词或者名词所占据，不能因为这些细微差异而完全分开考虑和分析。

虽然话题化和左偏置在某些方面表现出细微的差异，但是二者有不可否认的联系与共同点。分开解释可以分别解决一部分问题，但是我们不能因为部分的差异而忽略二者的共同点，合在一起解释，理论上更加经济，更有解释力，并且漂移理论也为我们提供了统一解释的理论工具。

（三）话题现象研究

汉语的话题研究从赵元任（1968）开始一直是语言研究的热点之一。赵元任（1968）最早指出，汉语中主语就是话题，主语和谓语的关系就是话题和它的述题的关系。Li & Thompson（1981）按照“话题优先”还是“主语优先”的特征将世界上的语言分为四种类型，其中，汉语属于话题优先型语言。

话题研究是语言研究中的一个热点问题，相关的著作和观点也非常丰富。话题之所以显得如此重要是由话题的性质决定的，话题最初是在功能体系内提出的概念，表达话语的功能问题，但是话题又不是纯功能性成分，还涉及句子结构问题，这又吸引了结构主义和形式主义的关注，认为话题是句法成分或者标记。徐烈炯、刘丹青（1998：2）指出，不论是形式学派还是功能学派，他们都试图解释话题是句子结构内部成分还是语用成分，话题的生成过程是什么，是基础生成还是移位生成，话题是否是纯功能性成分还是纯句法成分。此外，徐、刘（1998：3）还指出，话题还涉及汉语基本语序问题，即讨论汉语是不是SVO类型语言。如：

（12）a. 烈性酒他不喝。

b. 他烈性酒不喝。

徐和刘提出以下几个问题：主语分别是哪个成分？“烈性酒”在a句中是主语还是话题？在b句中是“小主语”还是“小话题”？当了话题或“小话题”的“烈性酒”还能不能算宾语？如果这样的句子在汉语

或者汉语的某些方言中成为频率很高的句子，那么这种语言或方言还能不能算 SVO 类型？

以上的这些问题在学界已经讨论得很深入，但是仍然没有得出统一的解决方案，根本原因是由于话题这个概念本身的复杂性，话题概念和篇章语法相关，源于话语功能的概念，却被句法学家尝试在句法理论框架内给出解释，这难免要削足适履，对句法理论是一个挑战。我们认为，把功能、语用方面的语言现象用形式句法中句法规则限制和解释是不合适的，也没有必要，因为从 20 世纪开始，传统语法学界就已经意识到语法、语用、语义是“三个平面”（胡裕树、范晓 1985）、“小三角”（邢福义 2002），这对于处理话题问题同样适用，目前话题研究中概括的语言事实比较复杂，我们有必要梳理出其中的不同类型，将话题中属于语用功能方面的内容放入一个新的“漂移”框架下解释，这既不破坏原来生成语法理论体系的核心思想，又丰富发展了理论内容，同时也能妥当解释分析话题这一历史难题。

1. 话题的定义

话题到底是什么？Chomsky（1965：211）提出：“不妨把句子的话题定义为：表层结构中的直属 S 的位于最左侧的 NP。”Huang 等（2013：191）定义话题化为：把包含名词性短语的结构前置于句子开头，即话题化（topicalization）。

(13) $John_i$，I like t_i.
约翰，我喜欢。

Huang（1982）指出，汉语话题和英语疑问句都是由移位形成，这两者的移位类型都是 wh 移位。宁春岩也赞同黄正德的观点，把话题结构分析为非论元移位（A'-movement）。

徐烈炯等不赞同黄正德关于“移位说”的论证，Xu & Langendoen（1985）指出，汉语中的话题句是否是 wh 移位值得商榷，如：

(14) a. 那本书，我读过。
b. 我读过那本书。

徐烈炯指出，一般会认为 a 句和 b 句意思一样，并且 b 句相比 a 句来说可以认为是规范的语序，一般的语感都认为 a 句是在 b 句的基础上经过移位派生出来的，但是徐烈炯质疑这种移位是否是生成语法体系内的 wh 移位。Xu & Langendoen（1985）指出，话题移位不遵守 wh 移位的条件限制，wh 移位不能用来很好地解释话题移位。他们认为，不可能既接受 Chomsky 的条件，又认为汉语话题句都来自移位。

Huang & Li（1996）主张把类似 a 句的句子分析为话题句，他认为 a 句在结构上更接近于 b 句，如：

(15) a. 张三说李四不认识 [ ]。

b. 王五，张三说李四不认识 [ ]。

c. [ ] 张三说李四不认识 [ ]。

例（15）中 a 句和 b 句的差别在于 b 句中出现了话题“王五”，而 a 句中只有一个无形的话题，a 句中的话题相当于 c 句中的空位，黄正德把 c 句中的无形话题称为空算子（empty operator）。算子是一个逻辑术语，借用来表示它与后面的空位指同一对象。

黄正德没有对空话题和空算子进行明确定义。并且话题的移位操作并不涉及逻辑形式，没有必要用逻辑形式中的操作术语来指称。徐烈炯同样也认为这种空话题的假设造成了不必要的烦琐，而又并不符合语言事实。

徐烈炯等学者指出了黄正德对于话题化处理方法的问题所在，但是也没能提出更好的解决问题方法。通过两派矛盾的观点我们可以看出，争论的问题仍然是能否在语法框架下处理话题这个功能性成分。徐烈炯承认句子“那本书，我读过”是在句子“我读过那本书”基础上移位而来，但是他反驳黄正德的是这个移位类型是否应归为 wh 移位，也就是作为句法移位类型之一的 wh 移位能否解释功能性的话题化移位，或者可以说，争论的焦点在于话题化的移位性质是什么，属于论元移位还是非论元移位，或者是黄正德所主张的 wh 移位。这种争论是话题研究中最大的症结所在，因为话题化的移位类型和以上列举的几种移位类型都不同，所以我们认为不能一概而论地去确定话题是移位生成还是非移位生成，而应从理论体系内部找到突破口，对此我们提出“宾语漂移”理论来解决这个两难现状，这样既能接受 Chomsky 的 wh-movement 的条件，也认为话题是移位而来的，只不过是一种一直存在却被忽视的移位类型。事实上，在我们明确提出“语音形式操作”之前，有学者也提出了另外寻找一种移位手段的方法，例如有学者建议用下层话题到上层话题的移位来处理复杂的话题句。这种处理已经接近于假设话题化为另外一种移位，但是没有明确提出是什么类型的移位。

除了生成语法学者对话题的研究之外，中国国内学者对于话题也做了很多有益的研究。徐烈炯、刘丹青（1998：23）指出，早期的汉语结构语法持话题主语等同说，这种观点以赵元任（1968）为代表，他认为汉语的主语和谓语的关系就是话题与述题的关系，主谓之间在形式上可以有停顿、语气助词等。朱德熙（1982：96）也指出，“说话人选来做主语的是他最感兴趣的话题，谓语则是对于选定了的话题的陈述”。朱德熙对主语（=话题）的形式特点和意义特点的看法也跟赵元任（1968）接近。此外，朱德熙（1999：122）把下列情况归类为主谓谓语句的一种，实际上这些都是话题化。

（16）这件衣服你还没钉扣子呢。

（17）这件事你可以写一本小说。

（18）这个播音员我不爱听她说话的声音。

但是也有反对意见，胡裕树、范晓（1985）是最早提倡语法研究三个平面观念的，他们认为主语属于句法平面，而话题属于语用平面。范晓、胡裕树（1992）又提出，话题一般是已知信息（又称旧信息），述题一般是未知信息（又称新信息）。陆俭明（1986）明确提出反对话题主语等同说，他认为，就汉语而言，主语不一定就是话题，话题也不一定是主语，并认为前者是句法学的概念，后者是语用学的概念。史有为（1995）也指出了话题的信息特征，认为话题是双方所共知的已知信息，话题一定不是焦点，他还指出汉语句子中的话题可以有多个，按照层次和地位不同来区分。

2. 如何区分话题和主语

Li & Thompson（1981）通过内容和位置对比了话题和主语，内容上，话题是句子所关（about），是句子讨论的主题，主语是动词所谓，是动作的发出者。话题不能无定，主语可以无定。话题必须位于句首，主语可以位于句中，话题与句子其他部分之间常有停顿。徐烈炯、刘丹青（1998：285）指出，话题不是焦点，不能加上重音，但是主语可以加重音。他们指出，能加焦点重音的成分有很多，但是不能加焦点重音的只有话题，通过这种方式可以区分话题和主语。

尽管前人做了很多有益的探讨，但是试图区分话题和主语并不容易，因为二者不是泾渭分明的两种成分，而是经常重合，关系错综复杂。之所以区分二者不容易，一是按照语义标准或者是不易确定的焦点标准来区分，这本身就很难操作；二是主语和话题有天然的联系，二者在很多情况下是重合的；三是区分二者的尝试既是艰难的，也是没有必要的。所以本书并不认同上述观点，因为：①前人所说的句首 NP 不能带焦点过于绝对，有些句首NP是可以带焦点的（如“他呀，我觉得不怎么样”）。②通过能否带焦点来区分是否是话题任意性太强，标准不明确。③句尾成分如“怎么了你?”中的这个“你”也是绝对不能加重音，但却不能证明它是话题，只能证明这个句尾的“你”和徐、刘所说的不能加焦点的话题是一类现象，都不能加焦点，要放在一起考察和解释分析。

徐杰（2001：112）总结了学者对于话题和主语的观点，见表3-2：

表3-2　关于话题的主要观点及代表学者

代表学者举例	语用层面	语法层面
赵元任、徐通锵等		话题成分
陆俭明、胡裕树等	话题	主语成分
李讷、黄正德、徐烈炯和刘丹青等	话题	主语成分+话题成分
徐杰	“话题”特征	主语成分+［Top］特征及其诱发的“添加”和/或“移位”等语法操作

综合上述各家观点，问题的根本仍然在于是把“话题”归为功能层面的概念，还是把它归为句法层面的概念。根据主流的观点，话题一般在句法上占有位置，可以形成TopP（话题短语）。

3. 话题的生成

关于话题的生成的主要争论就是：话题结构是移位生成的还是基础生成的（base generation）？这个问题从20世纪80年代就开始讨论，有两派观点，一派认为话题结构由移位构成，以Huang（1982）为代表；另一派认为话题结构在语法的基础部分产生，而不是移位以后派生的，以Xu & Langendoen（1985）为代表。

（1）移位说

移位说的代表人物是黄正德，Huang（1982：86-87）最早指出，一部分话题句不是移位，一部分是由移位造成的，如：

（19）水果，我喜欢香蕉。

例（19）中句首的“水果”因为在句子中找不到其原来的位置，所以不可能是通过移位把“水果”从述题句前置生成的。

但是，黄正德指出，有些话题句可看作是通过α-移位从浅层的主谓句中推导出来的，如：

（20）a. 张三，他知道我喜欢 t。

b. 他知道我喜欢张三。

（21）a. 张三的爸爸，他很尊敬。

b. 他很尊敬张三的爸爸。

上面两例结构中 a 句都是由 b 句移位得来的。黄正德等（2013：194）又指出，一般而言，话题结构是指把一个短语前置到主语之前的句子，即［XP＋主语……］。用“前置”这个术语就意味着移位。一般认为，移位生成的话题会留有语迹或者空位，但是持基础生成说的学者给出证据，认为下列这样的句子不含空位：

（22）那场火，幸亏消防队来得快。

（23）水果，我最喜欢香蕉。

黄正德等（2013：196-197）反驳基础生成说，提供的证据是按照基础生成的观点继续推理，他指出既然上述结构是基础生成的，那么可以推导出汉语中所有的话题结构都是以基础生成的方式生成的。也就是说，所有的话题结构都不曾发生移位。但是这种观点违反了下述原则，如：

（24）a. 张三$_i$，他$_i$ 走了。

b. *张三$_i$，他$_i$ 不认识。

（25）*他$_i$ 不认识张三$_i$。

例（24）a 句中代名词“他”可以与话题同指，但在例（24）b 句中不允许同指。如果说所有的话题结构都是基础生成而不含空位（空语类），那么就很难解释为什么这两个句子在同指关系上和语义表达上都有所差异。如果我们假设例（24）b 句是从例（25）移位推导而成，就能很容易地解释例（24）b 句为什么不合法。例（24）b 句不合法是因为例（25）中代名词“他”不能与“张三”同指。任何同样剔除来源结构的相关解释的原则，都得出例（24）b 句是不合法的，比如约束原则（binding principles）之一（Chomsky 1981）：

A. 照应语在其辖域里受约束。

B. 代名词在其辖域内是自由的。

C. 指称语（R-expression）是自由的。

根据上述约束原则 C，由于例（25）中“张三”是指称语，所以“张三”必定不受论元约束（A-bound），不与论元位置上的 NP 同指。

但在例（25）中，“张三”和“他”同指，受到主语的论元约束，因此句子违反了约束原则 C。同样的道理，例（24）b 句也违反了约束原则。

黄正德的证明手法非常巧妙，他按照“基础生成说”的观点继续推导，发现有的基础生成句子违反了约束原则，产生了不合法的句子，我们也赞同黄正德的论证。但是对于语言基本事实的判定上，我们认为黄正德所列出的只是部分语言事实，全部的同指可能性如下所示：

（26）a. 张三$_i$，他$_i$ 走了。

b. 张三$_i$，他$_j$ 走了。

c. 张三$_i$，他$_i$ 不认识（李四$_j$）。

d. 张三$_i$，他$_j$ 不认识 t_i。

在实际语言运用上，上述四种用法都可以成立，“张三”既可以作为和主语同指的成分位于句首［如例（26）a 句］，也可以作为一种称呼语与主语代词不同指［如例（26）b 句］。黄正德可能只采用了局部事实，并且将不同类型的情况放在一起考量，我们认为，例（26）a 句和例（26）c 句为一种类型结构，例（26）b 句和例（26）d 句为一种类型结构，然而黄正德将 a 句和 d 句放在一起证明，这种对比可能不是十分合适，无法形成严格的最小差异对。

证明话题移位的另一个重要证据是习语，黄正德等（2013：199）指出，习语（idiom）在词库中被看作一个单位。如果习语的某一部分跟其他部分分离，那么一定要移位：被移动的部分应该重新放回到原来的位置，与习语的其他部分形成一个单位。如下列话题结构：

（27）a. 这种醋，你千万吃不得。

b. 他的刀，我不敢开。

通过习语来证明话题是移位生成的结论是值得信服的，我们基本赞同黄正德对于话题生成的处理，一部分是由基础生成的，另一部分是由移位生成的，但是黄正德这里所说的移位指的是句法移位，他将这种移位等同于 wh 移位类型，这是值得商榷的。总之，上述示例的对比表明话题结构涉及移位。

（2）基础生成说

持基础生成说这一观点的国内学者主要是徐烈炯、刘丹青，他们主要在对移位说的反驳中来阐述自己的观点，主要论点有：

①徐烈炯、刘丹青（1998：45）指出，黄正德认为汉语话题结构的生成机制和英语中疑问结构的生成机制是一样的，都是 wh 移位，如：

（28）a. 这本书，他读过。

b. Which book did he read?

黄正德和徐烈炯的争论焦点主要是徐烈炯不认为汉语中的话题属于 wh 移位。坚持移位说的学者 Shi（石定栩）（1992）认为即使下列这样的句子也是移位造成的：

（29）那场火，幸亏消防队来得快。

理由是这个句子如果删去“幸亏”就不能接受。要说得更透彻些最好后面再加上一句话，如：

（30）那场火，幸亏消防队来得快，所以［ ］才没有造成损失。

这样一来，“那场火”就可以很自然地看作从［ ］位置上移出去的。这样通过增补成分来论证的目的是证明话题在后面一定有一个位置保留着。

徐烈炯、刘丹青（1998）认为，这种处理办法与句法上的移位相距很远。这样说明不了语法上的问题。我们赞成他们的观察，这样处理不属于句法上的操作，但是体现出了话题的某些功能性质，即话题就是一段话讨论的内容主题，总是与后面的话语中某个或某些看得见或看不见的成分有关系。

②徐烈炯、刘丹青（1998：47-48）指出汉语中存在很多没有空语类的话题句，如：

（31）a. John，I don't like.

b. John，I don't like him/the man.

（32）a. 小张，我不喜欢。

b. 小张，我不喜欢他。

（33）水果，我最喜欢苹果。

他们指出，例（31）a 句和例（32）a 句最容易用移位的办法处理。但是例（31）b 句和例（32）b 句要用移位方法处理不太容易，因为原位有成分，不是空位。例（33）要用移位处理很困难，因为找不到原位。

徐烈炯、刘丹青（1998：48-49）指出，话题移位说还有一个困难。

Xu（1986）提到即使是“这本书，他读过”这样的结构，后面的空位有时也不一定与话题共指。假定有人读书都只读序言，那么他可以说：

（34）那本书，我读过序言，这本书，我也读过［ ］。

读过的可以不是全书，而只是序言，这时［ ］不与句首话题共指，而与上句中的“序言”共指。我们认为，“那本书，我读过序言”和上文所举的“水果，我喜欢吃苹果”是相同的类型，都属于基础生成的话题结构，不能拿话题结构中的一部分现象来概括所有的类型。徐烈炯、刘丹青（1998）认为，汉语话题句不一定有空语类，有空语类也不一定与话题共指，所以他们认为汉语中有些话题句可以看作由移位构成，但不是所有话题结构都由移位构成。我们认为话题的生成有两种类型：第一种是话题原位生成，如“水果，我只吃苹果”；第二种是由语音形式移位造成的，如“苹果，我吃了”。由语音形式移位造成的话题是在语音层实现的，不属于句法移位，不涉及句法结构的改变，所以在句法上没有 Top 位置。

可以看出，徐烈炯和黄正德虽然基本观点不同，但是他们有一个共识，即汉语中有些话题句是由移位构成的，有些话题结构不是由移位生成的，二者的争论点在于徐烈炯认为黄正德对于移位类型和性质的处理不符合语言事实，而黄正德认为，不能因为话题结构的移位类型比较特殊就拒绝用移位理论来解释。可见，问题的关键在于，话题移位到底是什么类型的移位，和以往的句法移位和逻辑形式移位有什么异同，话题移位又有什么自身的特点。话题移位不属于句法移位，也不属于逻辑形式移位，而属于第三种移位类型：语音形式移位。话题移位可以用新的理论，即宾语漂移来进行重新分析，按照宾语漂移类型来处理话题移位，不仅符合话题移位的特点（即属于语用或者功能性移位），而且又不违反生成语法的移位理论，并且在此基础上还扩充和发展了生成语法的移位理论。

第二节　宾语漂移的性质

上文列出了很多和宾语漂移相关的研究，但是究竟什么是宾语漂移，宾语漂移和上面的研究有什么关系，我们需要对这一新理论新概念进行限定。宾语漂移是语音形式移位漂移理论框架下的一种情况，宾语漂移不同于宾语移位，前者属于语音形式移位，后者属于句法移位，宾语漂移和话题移位是部分重合关系，和易位与左偏置是包含关系，这些前人的研究都可以统一归入宾语漂移子理论中被解释。汉语宾语前置现象属于宾语漂移现象，如：

（35）那封信你写好了没有？

（36）这个问题目前还解决不了。

上例中“那封信”“这个问题”是从句尾宾语位置前置漂移到句首，这种移位是可选的，移位之前和移位之后都是合法的句子，并且宾语漂移之后可以轻易地恢复原位，如：“你写好了那封信没有？”“目前还解决不了这个问题。”这两个句子宾语漂移前后句子句法结构和语义内涵都没有发生任何变化。

一、宾语漂移和话题化的关系

根据上文对于话题生成过程的讨论，我们发现，争论的核心仍然是具有功能性的话题能否被句法结构所分析，也就是说话题是语用成分还是句法成分。对于国内的研究来说，仍然是在语用层面研究话题，但徐烈炯、刘丹青（1998）认为，话题是句法成分，在句法层面占有自己的位置，但是在句法上主要起话语功能的作用。

对于宾语漂移和话题化的关系，我们认为话题化和宾语漂移是部分重合的关系，如图 3-1 所示：

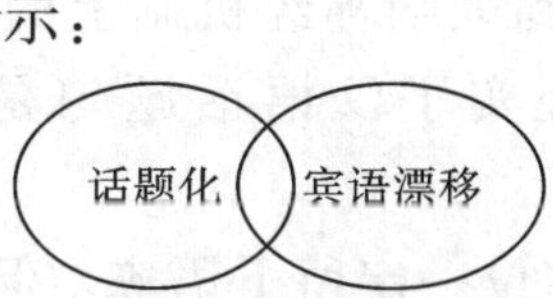

图 3-1　话题化和宾语漂移的关系

我们认为，话题句分为两类，第一类是可以找到空位的话题句，如：

（37）苹果$_i$，我吃了 t_i。

（38）你们的班主任$_i$，我认识 t_i。

第二类是没办法还原，找不到原位的，如：

（39）水果，我喜欢香蕉。

这种类型和篇章语法相关，句首 NP 是一段话的讨论主题。

正如黄正德主张的，话题句中的第一类是由于移位生成，但是，我们认为这种移位不是句法移位，而是一种语音形式移位，属于宾语漂移，对于第二类话题句，因为没有空位或者原位给句首 NP 提供位置，所以这一类话题句不属于宾语漂移的范围。我们总结出第一类话题句与宾语漂移的共同点如下：①话题化不是句法移位，不是必须移，而是可移可不移；②话题化不涉及逻辑形式移位；③话题移位可以复位；④话题标记是语用标记。如表 3-3 所示：

表 3-3　话题化移位与宾语漂移的比较

比较的方面	宾语漂移	话题化移位
移位类型	可选性移位	可选性移位
移位方向	左移和右移	左移
能否复位	能	能

关于话题留下的语迹类型，属于哪一种空语类，徐烈炯、刘丹青（1998：17）指出，话题结构中的空语类与汉语其他结构中的空语类并没有本质的区别，都不可能在句法层次上确定是 Chomsky 所列举的四种空语类中的哪一种，可以称为自由空语类（free empty category）。杨亦鸣、刘涛（2014）通过实验证明，在汉语话题句的加工过程中所诱发的持续负波、动词位置的负成分以及句末位置的 P600① 成分，均反映了句首话题成分移位后会在原有位置留有语迹，二者之间存在句法依存关系。实验证明，语迹在汉语话题句中有其神经机制，语迹理论假设的合理性能够得到大脑神经机制上的证明。同时，研究也从神经机制的角度逆向证实了汉语话题句是经由移位生成的句法结构。

实验还证明，话题移位一定留下语迹，但是这种语迹属于什么类型？我们认为对于宾语漂移离开原位之后留下的语迹不属于任何一种句法移位语迹类型，是一种自由语迹，只和移出成分有同指关系，如：

（40）a. 张三，我很担心他。

　　　b. 张三，我很担心小李。

例（40）a 句中“张三”是漂移至句首的宾语，句尾“他”标记着“张三”原来的位置，例（40）b 句中“张三”成了呼语，因为“张三”和“小李”之间没有同指关系，那么在宾语位置上的“小李”才是真正的宾语。

徐烈炯、刘丹青（1998）也将这种语迹定义为自由空语类，有别于

① P600，也被称作句法正漂移。

句法上留下的语迹类型，这和宾语漂移留下的语迹类型不谋而合，也部分解决了话题给形式句法带来的问题和挑战。

二、宾语漂移和 NP 移位的关系

生成语法中把被动句处理为 NP 移位，被动句从表面上来看也是属于把宾语前置，但是我们认为这种被动句的宾语前置和宾语漂移的宾语前置有本质的差别。

NP 移位是句法移位中的一种移位类型，是受到格驱动进行的移位，无论是在被动句还是提升结构中，NP 移位都是从无格的位置移到有格的位置，从论元位置移到空的论元位置，从有题元角色的位置移到没有题元角色的位置，移位向前（上）进行，并留下语迹，形成语链，是循序式的移位（温宾利 2002：204-207）。由此宾语漂移和 NP 移位看似都是宾语前置，但是二者有着本质上的差别，如表 3-4 所示。

表 3-4 宾语漂移和 NP 移位对比

对比的方面	宾语漂移	NP 移位
移出的位置	宾语	宾语
移至的位置	嫁接位置	NP 位置
题元角色	没有改变	被吸收
移位方向	左移或右移	左移
移位类型	可选性移位	必选性移位
语迹	自由空语类	NP 语迹
移位动因	语用因素	格驱动

可以看出，宾语漂移和 NP 移位除了移出的成分和位置相同，其他的特征都不相同，在移至的位置、题元角色、移位方向、移位类型、语迹和移位动因方面，都是代表两种完全不同类型的移位。

第三节 宾语漂移的类型

Soh（1998）对于汉语中的宾语漂移进行了专门的研究，她在其博士毕业论文里详细论证了汉语中有宾语漂移现象，并且指出，汉语中宾语的分布表现出韵律、语义和篇章信息结构效果，这和荷兰语、德语中的宾语漂移相似，并以此证明汉语中存在宾语漂移。Soh 对于宾语漂移的考察主要是针对持续时间/频率短语和宾语的位置关系，关于持续时间/频率短语（duration/frequency phrase，简称 DFP）和宾语的分布是汉语语言学中广泛关注的问题。有些名词短语既可以出现在时间/频率短语之前，也可以出现在之后，有些名词短语只允许出现在时间/频率短语之前或之后。她将既可以出现在时间/频率短语之前也可以出现之后的名词短语分为专有名词、指示词、被修饰的名词短语和某些定量短语等几个类别。具体如下：

1. 专有名词

（41）a. 我去过美国两次。

b. 我去过两次美国。

2. 指示词

（42）a. 我请过那个人两次。

b. 我请过两次那个人。

3. 被修饰的名词短语

（43）a. 我吃过黄色的西瓜两次。

b. 我吃过两次黄色的西瓜。

4. 定量短语

（44）a. 我请过全部的学生两次。

b. 我请过两次全部的学生。

她指出，只在时间/频率短语之前出现的名词短语包括某些带有数量词的不定名词短语。这些名词短语没有被修饰时，仅限于出现在时间/频率短语之前的位置；被修饰后，它们则可能会出现在时间/频率短语之后，如下所示：

（45）a. 他见了一个律师两次。

b. *他见了两次一个律师。

（46）a. 他见了一个从来不听他讲话的律师两次。

b. 他见了两次一个从来不听他讲话的律师。

特定的数量词被限制在 DFP 前的位置，如：

（47）a. 我请了最多三个人两次。

b. *我请了两次最多三个人。

这些量词短语不能出现在 DFP 后面，即使被修饰了也不行，如：

（48）a. 我请了最多三个不爱讲话的人两次。

b. *我请了两次最多三个不爱讲话的人。

为什么某些名词短语在时间/频率短语之前和之后都允许出现，而有些仅允许在时间/频率短语之前或之后出现？宾语如何选择是出现在时间/频率短语之前还是之后位置？学界已经提出了各种方案来解释宾语名词短语相对于时间/频率短语的位置分布，这些解释的范围是从话语—语用，语法—语义到韵律学。例如 Tang（1990）提出，宾语的分布与主位—述位，旧信息、新信息，对宾语名词短语的逻辑解释的约束等概念相关。Feng（冯胜利）（1995）提出了关于宾语相对于时间/频率短语的分布的韵律解释。直到 Kung（1993），关于宾语漂移的［V＋DFP＋宾语］和［V＋宾语＋DFP］两种语序才联系起来解释。

此外，Soh 还提出了漂移是否是一个可选的操作过程的问题。关于漂移的驱动因素，前人已经提出了的各种意见。宾语的漂移被认为是由格核查、语义解释、信息结构和韵律考虑等因素决定的。这些学者认为，漂移不是真正可选的，但是 Jaap van der & De Hoop（1998）认为漂移是可选的。Soh 指出，认为漂移不是可选的观点占绝大多数，漂移是强制的操作，以实现特定的语义或信息结构效果。Chomsky 指出这种描述混淆了语法和语言使用的区别。所以 Soh 主张在语法成分中，漂移本身的操作不是必需的。此外，Soh 的研究还涉及汉语中宾语和补语的位置关系，这属于漂移中的一类重要的语言事实，但是她的研究没有从整体上对于所有宾语漂移的情况进行考察，并且对于漂移的处理也值得商榷。

相对于前人对宾语的研究类型，宾语漂移概念范围更广，基本上可以概括所有不涉及改变句法结构的移位，这样就囊括了相当多的语言事实，我们将宾语漂移按照不同的分类标准进行分类。即按照移位方向，宾语漂移可以分为宾语前置漂移、宾语后置漂移和宾语句内漂移；按照所在小句性质来分，又可以分为简单句宾语漂移、嵌套句宾语漂移和双宾语宾语漂移。本节将结合这两种分类方法进行详细分析。

一、简单句宾语漂移

简单句就是典型的 SVO 语序类型，句子中可能会有一定的附加语作为修饰成分，如：

（49）我吃了苹果。

（50）我穿了一件漂亮的裙子。

（51）我去过北京三次。

汉语的基本结构是SVO，一般来说不能随意改变这个语序，一旦改变，就会造成不合法的句子，如：

（52）a. 我吃牛肉≠b. *牛肉吃我。

（53）a. 张三批评李四。≠b. 李四批评张三。

（54）a. 国家打击走私。≠b. *走私国家打击。

（55）a. 朋友们都去逛商场了。≠b. *朋友们都逛商场了去。

虽然上述语序错位导致了不合法的句子，但是，在一定限制条件内SVO的语序可以变化，如：

（56）牛肉吃。

（57）李四张三批评了。

（58）裙子我穿了一件格子的。

我们认为，受事宾语不论出现在句子中的什么位置都是宾语，句法位置不能改变句法性质和句法结构。但是，徐烈炯、刘丹青（1998：274）认为，受事不等于宾语，施事也不等于主语，汉语中的话题结构不是移位生成的，而是基础生成的。如下例中的b句，“苹果”虽然在语义上是“吃”的对象，但是句法上并不是宾语。

（59）a. 他不吃苹果。

b. 他苹果不吃。

c. 他把苹果吃了。

他们提供的证据为：假如把例（59）b句和例（59）c句中的“苹果”也分析为宾语，那么下面两句无法分析：

（60）他水果不吃苹果。

（61）他把苹果削了皮。

我们认为这并不能作为证据来证明例（59）b句和例（59）c句中的“苹果”不是宾语。“他水果不吃苹果”中的“苹果”一定是宾语，但是“他把苹果削了皮”属于把字结构，“把”和后面的“苹果”一起组成介词短语结构，这种特殊的结构应该和上面的情况分开来考虑。

典型宾语包括哪些类型？邢福义（2011：243）指出，宾语的语义类型无法穷尽，可以是受事宾语、施事宾语、处所宾语、工具宾语等。我们认为，典型的宾语就是受事宾语、结果宾语和对象宾语，其他出现在宾语位置上的非受事宾语都是由于各种各样的原因或者操作表面上显示在宾语位置，如施事宾语，我们认为施事宾语一定是从主语位置移位而来，而不是基础生成在宾语位置，包括处所、工具宾语，都是从附加语位置移位而来造成的。

（一）宾语前置漂移及其生成机制

1. 宾语前置漂移至句首

宾语前置漂移的典型情况一般是指宾语从动词后的位置漂移至句首。宾语漂移和动词性质类型有很大的关系，不同的动词类型决定宾语的类型，不论动词如何变化，宾语一般是名词或者是名词性成分，所以我们根据简单句中动词的类型来逐个考察宾语漂移情况，将简单句宾语前置漂移归为以下几类：

（1）及物动词句中的宾语漂移

以下例句皆为及物动词句中的宾语漂移：

（62）a. 我吃苹果。　　　　b. 苹果我吃。

（63）a. 有些人不吃螃蟹。　b. 螃蟹，有些人不吃。

（64）a. 我读过那本书。　　b. 那本书，我读过。

这类句子的生成机制比较简单，宾语在语音层前置漂移到一个嫁接的 Spec 位置，以例（62）为例：

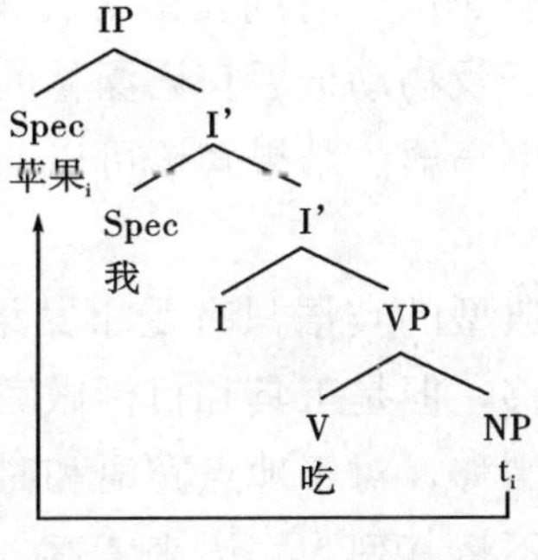

在没有主语的句子中，我们也不能说宾语漂移到了主语位置，因为汉语允许无主句，主语位置是一个空位，不能被其他成分占用，主语可以在原位补出来。

还有一些在汉语研究中很有争议的例子：

（65）a. 十个人吃一锅饭。　b. 一锅饭吃十个人。

（66）a. 行人走变道。　　　b. 变道走行人。

（朱德熙 1982：111）

朱德熙（1982：111）指出这类例句的显著特点就是主宾位置可以互换，换位之后施受关系不发生变化，但是我们认为这是极个别的现象，不是所有的主宾语都可以互换，如果把主语换成“我们”，则：

（67）a. 我们吃一锅饭。　　　　b. * 一锅饭吃我们。

这说明上面“一锅饭吃十个人”得出的主宾可以换位结论是个别的，不是普遍的，之所以可以换位，是因为这里的“吃”的含义发生了变化，添加了“供给”义。又如“吃”后加地点、工具、目标等宾语：

（68）a. 我吃食堂。　　　　b. 我吃大碗。

c. 我吃筷子。　　　　d. 我吃工程。

e. 我吃大款。

关于“吃”的这类特殊的例句一般不能把“吃”后 NP 前移：

（69）a. 食堂我吃。　　　　b. ？大碗我吃。

c. * 筷子我吃。　　　　d. * 工程我吃。

e. * 大款我吃。

前三例可以理解句义，是因为“食堂”“大碗”“筷子”是和“吃”有关的名词短语，但是后两例完全不可接受，一方面因为“工程”“大款”和“吃”没有关系，另一方面，“吃工程”和“吃大款”已经有凝固化趋势，分离开来无法得到整体义。此外，袁焱（2002）指出，汉语中的工具宾语、方位处所宾语、时间宾语等在藏缅语中几乎全是状语。因此，我们可以得出关于及物动词后宾语漂移的限制条件：

一般来说，只有受事宾语、结果宾语可以前置漂移，工具宾语、目标宾语不能前置漂移。

事实上，我们认为典型的宾语只有受事宾语、结果宾语两种类型，典型的宾语可以前置漂移，但是工具和目标做宾语的情况本来就属于特殊组合，不能随意进行漂移，对于地点宾语和时间宾语来说，它们一般可以做状语，所以我们不将其列为宾语来考察，如：

（70）吃食堂—在食堂吃。

（71）住三天—住宾馆三天。

这里的“食堂”“三天”在传统语法体系下可以分析为地点宾语和时间宾语，但是在生成语法的理论体系下不分析为宾语。

（2）心理动词句中的宾语漂移

心理动词后一般接的是对象宾语，如：

（72）a. 我喜欢北京大学。

b. 北京大学我喜欢。

c. 北京大学，我喜欢这个学校。

（73）a. 我很担心张三。

b. 张三我很担心。

c. 张三我很担心他。

汉语中心理动词句和英语中的情况相同，如：

（74）a. I don't like John.

b. John，I don't like.

c. John，I don't like him/the man.

心理动词句中宾语前置漂移之后，一般在原位会有代词复指，如：

（75）a. 我想小丽了。

b.？小丽，我想了。

c. 小丽，我想她了。

当心理动词后带的是代词宾语，一般情况下不会前置漂移，如：

（76）a.？你我想。

b.？我你喜欢。

c.？他我恨。

d.？您我想念。

因为代词本身不提供新信息和被强调的必要，所以前置之后没有可以突出显示的信息，一般来说是名词性宾语前置漂移，原位留下语迹或者同指代词。

汉语和英语一样，宾语前置漂移之后，在原来的宾语位置可以有代词和句首宾语同指显示对应关系，以例（73）为例，宾语漂移的生成过程为（程度副词用Deg表示）：

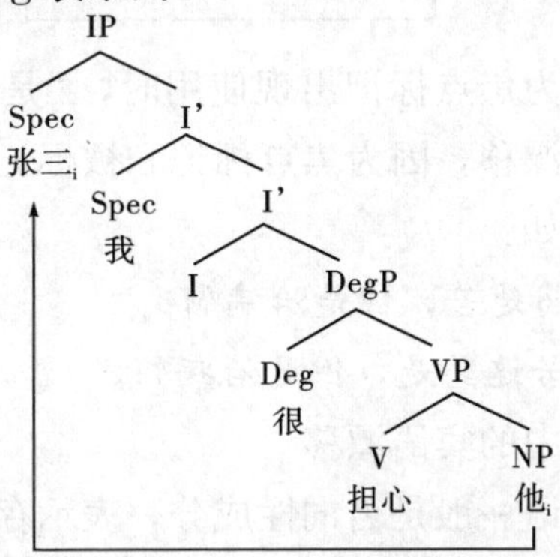

（3）判断动词句中的宾语漂移

判断动词是特殊的动词，它将主语和宾语等同起来，如：

（77）a. 我是班长。　　　　　　b. 班长是我。

c. 班长我是。　　　　　　d. *班长我是他。

（78）a. 我是中国共产党党员。　b. 中国共产党党员我是。

c. *中国共产党党员我是他。d. ？中国共产党党员是我。

一般来说，“是”前后的成分应该是相对等并且同指的，通过上例分析，我们发现当“是”前后的所指外延相同时，可以位置互换，但是判断动词句的宾语前置漂移之后，在宾语位置上不能用代词复指。

诗歌中也常出现判断动词后的宾语前置漂移，如：

（79）那轻，那娉婷你是，鲜妍（林徽因《你是人间的四月天》）

（80）初放芽的绿，你是；柔嫩喜悦（林徽因《你是人间的四月天》）

（81）百花的冠冕你戴着，你是（林徽因《你是人间的四月天》）

上例中“那轻，那娉婷”“初放芽的绿”“百花的冠冕”分别从宾语的位置漂移至句首。以例（80）为例，判断动词句中宾语前置漂移的生成机制如下所示：

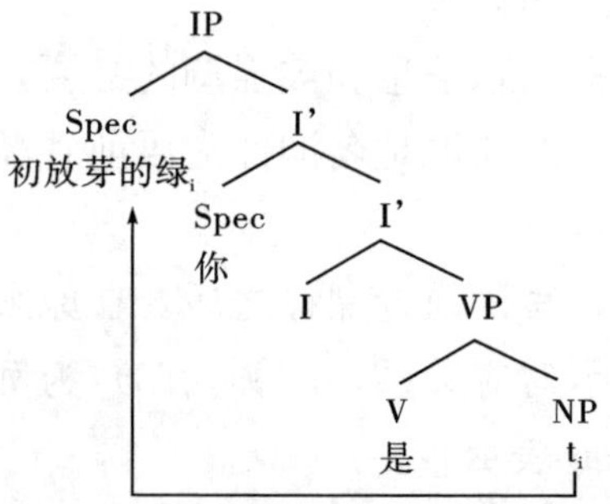

当“是”纯粹作为焦点标记出现使用时，“是”后面的动词或形容词成分一定不能前置漂移，因为焦点标记和被标记成分必须紧邻才能达到标记焦点的效果，如：

（82）a. 这药是苦，但是治病啊。

b. *苦这药是，但是治病啊。

（4）有无动词句中的宾语漂移

有无动词后的宾语一般是名词性成分，表示存在或者拥有，如：

（83）a. 桌子上有一本书。

b. 一本书，桌子上有。

c. * 一本书，桌子上有它。

（84）a. 酒吧里没有牛奶。

b. 牛奶酒吧里没有。

c. * 牛奶酒吧里没有它。

当有无动词后接 NP 性宾语成分时，宾语 NP 可以前置漂移，但是宾语位置不能被同指代词占用。

当“没有”变成否定功能词，后接谓词性成分时，后面的成分不能移出，如：

（85）a. 我没有要补充的了。

b. * 要补充的我没有了。

但是“有”有了新的用法，“有”后接 VP，如：

（86）a. 小店有卖冰沙。

b. 冰沙小店有卖。

c. ＊卖冰沙小店有。

“有”在这里不是充当句子 VP 和中心词，而是一个功能性成分，必须附着在 VP 上，所以“＊卖冰沙小店有”不合法。何元建（2011：370）指出，存现句的语法标记就是“有”，“有”是表达“存现”这个语法范畴的轻动词。没有使用“有”的句子就是使用了零形式的轻动词，所以有无句的宾语前置漂移生成过程如下［以例（83）为例］：

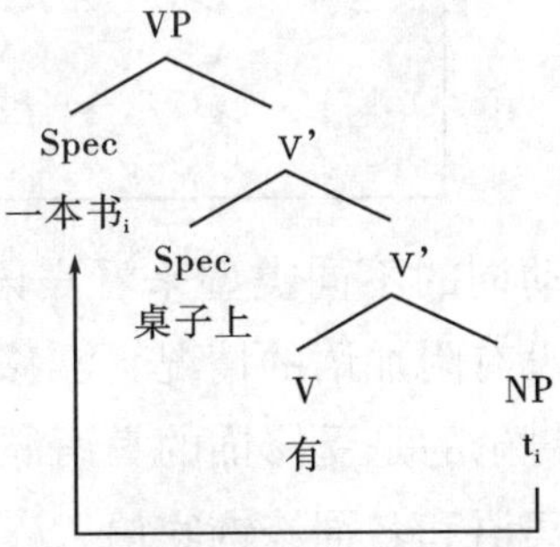

（5）比似动词句中的宾语漂移

在诗歌中比似动词句后的宾语可以前置漂移，如：

（87）a. 她像人间的四月天。

b. 人间的四月天，她像。

(88) a. 雪化后那片鹅黄，你像；新鲜。（林徽因《你是人间的四月天》）

b. 你像雪化后那片鹅黄。

邢福义（2011：204）将“像”“仿佛”等归类于比似动词，这类动词后既可以接 NP 做宾语，宾语可以前置漂移至句首，比似动词句后面的宾语空位允许有指示代词和句首成分同指，如：

(89) 人间的四月天，她像那。

(90) 红苹果，你的脸就像那。

比似动词后也可以接 VP，这里的比似动词就不是全句 VP 的中心语，如：

(91) 我仿佛飞到了火星。

(92) 火星，我仿佛飞到了。

(93) 飞到了火星，我仿佛。

比似动词“像”在生成语法中一般被分析为轻动词，我们认为这种分析比较符合语言事实，所以比似动词句中宾语前置漂移的生成过程如下［以例（89）为例］：

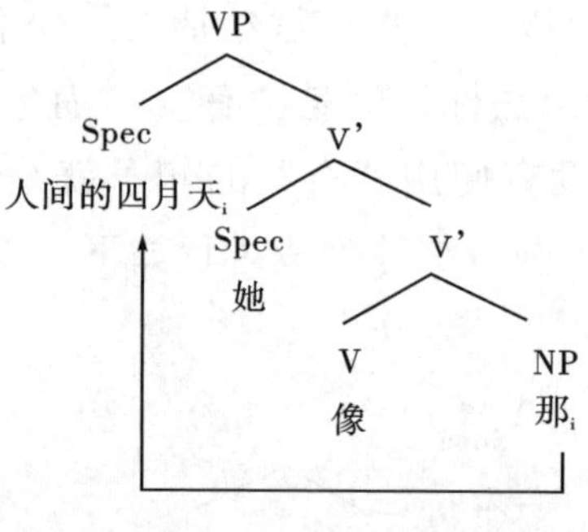

以上五种类型是从动词的不同类型来看宾语，但是有一个共同点，上述讨论的都是宾语前没有附加语的情况，漂移限制相对比较单纯。下面第（6）至第（9）类讨论的是受修饰的宾语漂移情况，包括数量短语修饰宾语、形容词修饰宾语和名词修饰宾语。

(6) 受数量短语修饰的宾语漂移

数量短语修饰宾语的例句有：

(94) a. 我收了三个手机。

b. 手机我收了三个。

c. 三个手机我收了。

(95) a. 我安装了五百家路由器。

b. 路由器我安装了五百家。

对于动词后的数量短语的地位，朱德熙（1982）、丁声树（1961）认为是准宾语，刘月华（2001）认为是时量补语。但是石定栩不认同朱德熙（1982）的“准宾语”说法，认为不能把动词后的数量短语看作准宾语，因为数量短语有与名词短语不同的特征：①能被副词修饰；②能跟在某些情态动词后；③可以被否定。石定栩（2006）对于动词后数量短语的句法地位重新给了定性，他指出，数量短语句应该分析为双重小句，句中的数量短语是谓语，以小句为主语，如：

［CP［IP［CP［IP 我没出过大门］］已经三个月］了］

我们赞同上述分析，但是这种分析尚未将数量短语后名词短语的移位问题纳入考察范围，数量短语和所修饰的 NP 是可以分离的，这是因为数量短语“三个”“五百家”可以代指“三个手机”和“五百家路由器”，所以留在句尾的数量短语其实和漂移到句首位置的 NP 有同指关系。

（7）受形容词修饰的宾语漂移

形容词修饰宾语的情况有：

(96) a. 我穿了一件漂亮的裙子。

b. ? 裙子我穿了一件漂亮的。

宾语 NP 的中心语成分“裙子”前置漂移至句首，句子意思可以理解，但是句子比较别扭，一般不这么用。这是因为留在句尾的修饰性成分“漂亮的”不能和句首“裙子”同指，另外，“漂亮的”留在句尾这一焦点敏感位置，但是却不属于新信息，无法得到强调，所以句子比较别扭。如果修饰成分换成新信息，则句子不会显得别扭，如：

(97) a. 裙子我穿了一件有蕾丝花边的。

b. 裙子我穿了一件红色的。

“有蕾丝花边的”和“红色的”都是限定“裙子”范围和可以将不同的裙子区分开来的关键信息，但是“漂亮的”限定性不强，没有提供新信息。

（8）受名词修饰的宾语漂移

名词修饰宾语的情况有：

（98）a. 我穿了一件羊绒大衣。

b. *大衣我穿了一件羊绒。

c. 大衣我穿了一件羊绒的。

（99）a. 他不喝烈性酒。

b. *酒他不喝烈性。

c. 酒他不喝烈性的。

为什么名词性修饰成分没有“的”在句尾，句子就不合法？这是因为漂移至句首的宾语和留在宾语位置上的修饰成分一旦分开在句子的两端，就一定要有同指关系，才不会造成歧义或者错配等其他令人难以理解的情况。“羊绒”是名词，“烈性”是性质形容词，它们本身都没有指代关系，但是加上“的”之后变成“的”字短语，就可以和句首的“大衣”“酒”同指，句子就合法了。

（9）动词受修饰时，宾语漂移的位置受限

句子中动词前有修饰限定成分时，宾语漂移的位置有所限制，如：

（100）a. 我们都去北京。

b. 北京我们都去。

c. 我们北京都去。

d. *我们都北京去。

（101）a. 我从前见过老王。

b. 老王我从前见过。

c. *我从前老王见过。

上例中宾语“北京”“老王”可以漂移至句首，可以漂移至主谓之间，但是一定不能漂移至修饰语“都”“以前”和 VP 之间，何元建（2011：381）主张把“都”看作量化轻动词，整个结构为 DouP，汉语中的“都”相当于英语中的 all，Haegeman（1994：91）指出，英语中的 all 属于动词短语的标志语。

综合上述被修饰的宾语句子或者是有附加语的句子，我们发现一个共同点，不论什么类型的动词做谓语，其后的典型宾语一般都能前置漂移，但是移至的位置受到限制，宾语前置漂移一般可以移至主语前的嫁接位置，但不能移至谓词或主语的附加语和中心语之间；此外，数量短语之外的宾语的附加语一般都要伴随宾语一起漂移，这也就是说漂移成分必须是一个最大投射短语整体（XP，Phrase）。

2. 宾语前置漂移至主语后

宾语不仅能够漂移至句首，还可以漂移至主谓之间，古代汉语中也有这类现象，如：

（102）樊哙曰：“臣死且不避，卮酒安足辞？”（《史记·项羽本纪》）

对于宾语移至主语后这种情况，前人将其归类于话题，只是有别于移至句首的主话题，在主谓之间的宾语 NP 称为“次话题”。

徐烈炯、刘丹青（1998：65）认为，主话题和次话题在句法上都是有句法位置的，并且二者分别占据不同的位置，证据之一是：

（103）小兰一直电影都不看。

（104）他已经大衣也穿好了。

徐、刘指出，上述两例中的“电影”和“大衣”如果是主话题的话，那么这两个句子应该不成立，因为主话题应该在主语之前，“一直”“已经”之类的附加语必须位于主语之后，更要位于主话题之后。如果设立一个次话题的结构位置，位于主语之后，VP 之前，把“电影”和“大衣”看成是次话题，那么这就可以解释例（103）、例（104）成立。

但是，首先，我们认为上述两例中“电影”和“大衣”是话题的假设不成立，很明显上述两例的话题不是此二者。其次我们认为设立次话题这个位置是改变了汉语基本的句法结构，汉语基本语序是 SVO，如果在句法上设立次话题位置，语序是否要变为 SsVO？所以，我们不赞同在句法结构上假设次话题的位置，我们认为以宾语可以移至的位置为依据来建立新的句法位置的操作不经济，还有附带的一个问题是次话题到底是不是话题，和主话题有什么区别。这些问题都不是在句法上找到次话题位置就可以解决的。

为了证明汉语中存在次话题位置，徐烈炯、刘丹青（1998）提出的一个证据是，Ernst & Wang（1995）总结汉语中的规则之一是：汉语中有些副词可以出现在主语之前，也可以出现在主语之后，而有些副词只能出现在主语之后，不能出现在主语之前，如“一直”和“已经”都不能位于主语之前：

（105）a. 他们显然不同意。

b. 显然他们不同意。

（106）a. 小兰一直不看电影。

b. *一直小兰不看电影。

(107) a. 他已经穿好了大衣。

b. *已经他穿好了大衣。

徐烈炯、刘丹青（1998：64）将这一规则拿来证明次话题是有句法位置的，我们认为这个证据并不能支撑证明次话题的位置，因为这种副词分布上的差异和NP没有关系，而是和副词本身语义范围有关，对应英语的情况也是这样，obviously（显然地）常放在句首；always、already不能放在句首，这是因为always、already是对于一个具体行为动作的限定，而“显然地”是对整体情况的评价，自身的语义范围决定自己的语法位置。Ernst & Wang提供的这个证据并不能证明次话题也有自己的句法位置。

徐烈炯、刘丹青（1998：64）提出的另一个证据是主话题一般应位于情态词前，而次话题位于情态词后，二者位置分布不同，如：

(108) 你不能饭也不吃，水也不喝。

(109) 小兰不会连这本书也不买。

他们指出，如果不区分次话题和主话题，就无法说明为什么“你”和“小兰”必须位于情态词前，而话题“饭”和“这本书”必须位于情态词后。不过同时他们也注意到，汉语情态词位置比较复杂，情态词个性很强，而共性不明显。单凭这一条不足为证。我们认为以上的证据有两方面不足：①只考察了否定句的情况。②一般情况下，汉语中情态词后一定紧跟动词，没有位置给NP，如：

(110) a. 我会洗衣服。

b. 衣服我会洗。

c. *我会衣服洗。

宾语“衣服”是不能放在情态动词后，动词前的位置。

此外，Ernst & Wang（1995）采用移位说，认为次话题是由移位构成；Shyu（徐淑瑛）（1995）认为有些次话题由移位构成，但并非所有的次话题都通过移位产生；徐烈炯、刘丹青（1998）不采用移位说。

我们认为次话题仍然属于宾语前置漂移的一种，宾语在前置漂移过程中，可以移到句首位置，也可以落在主语后VP前嫁接的位置上。例如：

(111) a. 我洗衣服了。

b. 我衣服洗了。

具体的漂移生成过程为：

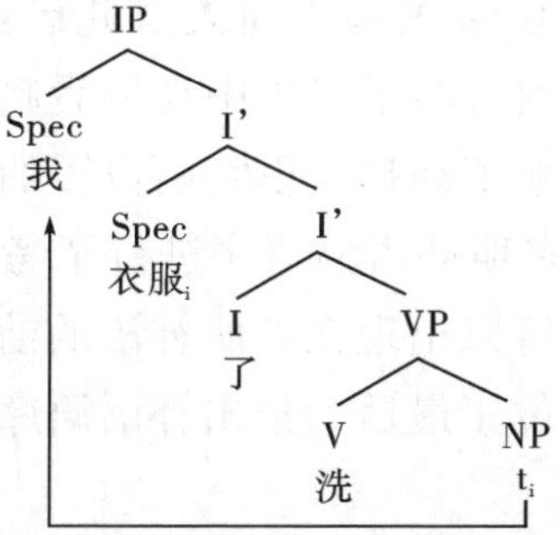

对于交际来说，宾语漂移至句首“衣服我洗了”和宾语漂移至主语后 VP 前“我衣服洗了”，很难看出二者在表义、句法关系上有什么不同，我们将前人归类为“次话题”的宾语 NP 同样使用宾语前置漂移来解释，更贴合语言事实，并且操作过程也非常简单。

宾语不论是漂移至句首还是主语后，都是前置漂移，这一问题涉及汉语基本语序的判定，石毓智（2003：19）指出，20 世纪 70 年代的海外学者普遍认为，汉语的基本语序经历了一个根本的变化，由 SVO 转变成 SOV，现代汉语已经成为 SOV 型语言。但是同时也有反对意见，Sun & Givón（1985）对汉语的调查结果证明现代汉语的基本语序仍然是 SVO，他们从倾向性角度，指出 90%的宾语仍然位于动词之后，石毓智（2000）从汉语中包孕句的语序只能是 SVO 的角度证明了汉语的基本语序仍是 SVO。这些重要的观察与证据同样能支撑我们的观点，我们同样认为不能因为存在有 OSV 或 SOV 等语序现象就认定汉语的基本语序发生了变化，这种现象有的是句法移位，大部分是宾语漂移导致的表面现象，应该单独做出解释，不能以偏概全。

3. 宾语和补语位置关系

一般情况下，宾语和补语都位于动词后，二者的句法位置相邻。对于补语的类型，邢福义（2011：246）指出，补语经常由谓词性词语、介词短语、动量短语、主谓短语来充当，从语义上看，补语有的是表示结果、趋向、数量、程度或处所。宾语和补语的位置关系有三种：一是宾语在前，补语在后，如“去了北极一趟”；二是补语在前，宾语在后，如“去了一趟北极”；三是宾语插在补语中间，如“看出问题来”。可以看出，传统语法对于补语的界定基本上是以句法位置结合语义表达来确定的，我们认为，补语是动词后对动作说明的非宾语成分。

关于宾语和补语的位置关系，前人对此已经做了相当多有益的研究。陆俭明（2002）细致考察了汉语中动词后趋向补语和宾语的位置问题，张伯江（1991）考察了动趋式里宾语位置的制约因素，杨杏红、齐沪扬（2010）对汉语中多项补语的语序进行了考察，指出结果补语总是紧跟着动词，趋向补语可以出现在处所补语的前面和后面，数量补语在与其他补语共现时总是位于最后。指出补语语序体现了人们对结果认识的先后顺序。

要考察宾语和补语并列情况，首先要确定补语的原位，我们发现，有些宾语和补语的排序是完全不能接受的：

(112) a. *做作业完了。

b. 作业做完了。

c. 做作业做完了。

(113) a. *吃西瓜得很开心。

b. 西瓜吃得很开心。

c. 吃西瓜吃得很开心。

(114) a. *走校门出。

b. 走出校门。

以上三种情况代表三种补语类型，例（112）代表结果补语和宾语相邻，例（113）代表得字补语和宾语相邻，例（114）代表趋向补语和宾语相邻，虽然三种补语各有各的特殊性，但是三种类型中不合法的句子有一个共同点：宾语位于补语前，或者说动词和补语之间被分离开，导致不合法。但是有一种补语类型，即使动词和补语被分离开，也可以生成合法的句子，所以，我们不能据此得出宾语和补语不合法的条件统一都是被分离开。如：

(115) a. 去北京一趟。

b. 去一趟北京。

我们认为，处所补语、时间补语、结果补语都是动词的修饰语，位于附加语（adjunct）位置。只不过在汉语中有的附加语可以在动词前，也可以在动词后，如时间状语和补语、处所状语和补语；但是有的附加语只能位于动词后，如结果补语、得字补语和趋向补语只能位于动词后。对于只能位于动词后的成分因为不存在与宾语的位置换位现象，所以不是我们的讨论内容。

按照所涉及补语的类型，宾语漂移的类型有三类：

第一类，宾语＋时长频率短语，如：

（116）a. 我去过两次美国。

b. 我去过美国两次。

（117）a. 我们等了经理一会儿。

b. 我们等了一会儿经理。

对于“等了小王一会儿”这类情况，朱德熙（1982：132）指出，“等小王一会儿”这一类属于包含准宾语的双宾语构造，往往指人的真宾语在前；“进了两趟城”不是双宾语结构，“时量词和动量词在名词前头出现，往往跟名词凝聚成偏正结构”。但是，我们认为“一会儿”“两趟”这类“准宾语”和真正的宾语有区别，如：

（118）a. 我们等一会儿。　b. ? 一会儿我们等。

（119）a. 我们等小王。　b. 小王，我们等。

对于频率短语的性质，黄正德等（2013：93）指出，频率短语是动词中阶 V’ 附加语，如下列例句的句法结构为：

（120）我给过她两次手机。

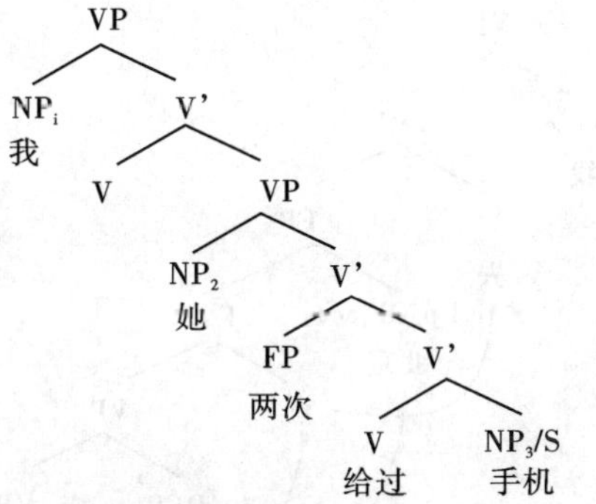

但是，上述例子还可以是：

（121）我给过她手机已经两次了。

黄正德认为这种语序和上面的结构不同，因为副词“已经”紧贴在频率短语前，当频率短语居于两个宾语之间时，副词“已经”绝对不能出现在频率短语前面，如：

（122）a. * 我赏过他已经两次金银珠宝。

b. * 我赏给他已经两次金银珠宝了。

经过调查分析，我们认为上述两例被认为不合法的句子在交际中是存在的。此外，根据 Chomsky 的一致化方法论原则，以下两句具有相同的句法特征：

（123）a. 我赏过他两次金银珠宝。

b. 我赏过他金银珠宝两次。

所以，二者属于同一种现象，二者的差异也应该统一来解释而非割裂开来。

Soh（1998）指出，关于宾语和时长/频率短语的位置逻辑上有以下几种可能：①宾语左向移位（Kung 1993）；②宾语右向移位；③时长/频率短语左向移位（Tang 1990）；④时长/频率短语右向移位；⑤［V＋宾语＋DFP］和［V＋DFP＋宾语］没有关系，这两种都是基础生成的。但是，与以上的观点都不同的是，Soh（1998）主张DFP是附加在VP上的，她假设一个及物句包括一个双层VP，V提升到轻动词的位置，由基础生成的宾语漂移（scrambles）到DFP上面的功能投射（functional projection，简称FP）的Spec位置，动词同样从基础位置提升到轻动词位置。从［V＋DFP＋宾语］到［V＋宾语＋DFP］的派生过程如例（124）树图所示：

（124）我两次去北京。

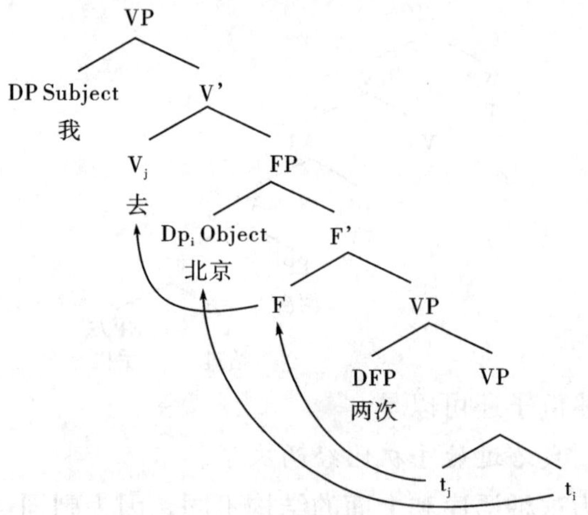

按Soh（1998）的观点，基础生成的宾语“北京”漂移到DFP上面的功能投射的Spec位置，动词“去”同样从基础位置提升到轻动词位置。

Soh的观点有合理之处，对于DFP嫁接的处理也符合语言事实，但是她没有将这种移位和句法移位区分开来，而是仍然放在句法移位的框架下处理漂移，另外也由于太专注于解释这类宾语和补语共现的情况而忽略了考虑同类其他漂移现象。我们认为，时长频率短语和宾语共现有一个特点，即既可以位于宾语前，也可以位于宾语后，我们赞同黄正德等（2013）对于频率短语的定性，他认为频率短语属于V’的附加语，所以，相比于宾语前移和后移，附加语的移位更加容易。因此，我们认为宾语＋DFP结构中，宾语没有移位，是由于附加语嫁接的位置和方向发生变化导致不同语序的出现。

第二类，宾语＋趋向补语，如：

（125）a. 加三十块钱进去。　b. 加进去三十块钱。
a. 走进屋里去。　b. 走进去屋里。
a. 想起你来。　b. 想起来你。
a. 带回老家去。　b. 带回去老家。
a. 跑出来一头狮子。　b. 跑一头狮子出来。
a. 哭出来一笔救济款。　b. 哭一笔救济款出来。
a. 老王，送来两瓶酒！　b. 老王，送两瓶酒来！
a. 老王，送去几件衣服！　b. 老王，送几件衣服去！
a. 老王，拿来包烟！　b. 老王，拿包烟来！
a. 老王，搬来两张桌子！　b. 老王，搬两张桌子来！
a. 老王，你们搬去一张床！　b. 老王，你们搬一张床去！
a. 老王，寄来一些钱！　b. 老王，寄一些钱来！
a. 老王，寄去些衣服！　b. 老王，寄些衣服去！
a. 老王，借来一把椅子！　b. 老王，借一把椅子来！
a. 老王，你写来个材料！　b. 老王，你写个材料来！
a. 老王，你写去一封信！　b. 老王，你写一封信去！

（陆俭明 2002）

趋向动词是“表示动作的趋向”，有单纯趋向动词，如“来、去”和“上、下、进、出、回、过、开、起”；有复合趋向动词，一般是“来”“去”和其他趋向动词组合而成，如“上来、上去、下来、下去、进来、进去、出来、出去、回来、回去”等（邢福义 2011：205）。

通过上面的例子，我们可以发现趋向补语和宾语并列使用时，以下这些情况是不合法的：

（126）*走屋里进去。

（127）*带老家回去。

我们认为，这种宾语漂移至动词后却不合法的句子和例（125）中宾语可以随意漂移至动词后、趋向补语后、趋向补语中间三个位置的情况明显的区别就是，这里的宾语 NP 不是动词语义上的受事，“屋里”不是“走”的语义受事，“老家”是处所名词，不能直接放在动词“带”的后面。“带回去老家”结构的深层结构应该为：

V＋pro＋Vd[①]＋NP

“带”是及物动词，后面还有一个可以承载 NP 的空位，NP 不是必须出现的，“走进去屋里”的“走”是不及物动词，后面也可以不加 NP，但是如果要表达“走地毯进屋里”这种结构，之所以不会造成不合法的句子，就是因为“走”后面有一个隐形的空语类 pro。

但是，有一个例外，“想”的语义受事就是“你”，但是“你”却不能直接位于动词“想”后和趋向补语“起来”前，如：

(128) ＊想你起来。

宾语不能前置漂移到动词“想”后，有以下原因：①造成歧义，“想你起来”变成了兼语句，表达“想让你起来”的含义；②“想起”已经由动词加补语逐渐语法化为一个固定的结构，中间很难插入其他成分；③“想”是心理动词，后面可以搭配谓词性成分，而“带”“走”是行为动词，后面一般可以搭配名词性成分。

宾语漂移有上述限制，是由动补结构性质决定的。石毓智（2003：124）从历时角度认为汉语中的动补结构源于中古汉语的可分离式动补结构。朱德熙（1999：147）指出，一般宾语的位置比较自由，处所宾语只能插在复合趋向补语中间；无定宾语的位置比有定宾语自由，不论充任述语的动词是及物的还是不及物的，无定宾语都可以占据三种位置，即述语之后，复合趋向补语中间，整个述补结构之后；有定宾语只能在述语是及物动词的格式里出现，而且只能出现在“叫老王出来”“叫出老王来”两种位置，不能出现在“＊叫出来老王”的位置。

我们认为，宾语和补语并列使用时涉及漂移，但是漂移的成分和位置根据补语类型的不同而变化，对于宾语＋趋向补语结构，我们认为一般来说宾语可以漂移至三个位置：宾语之后、趋向补语之后、部分复合趋向补语之间。

---

① Vd＝趋向补语。

何元建（2011：47）指出含有趋向动词的句子结构为：

（129）老师坐了下去。

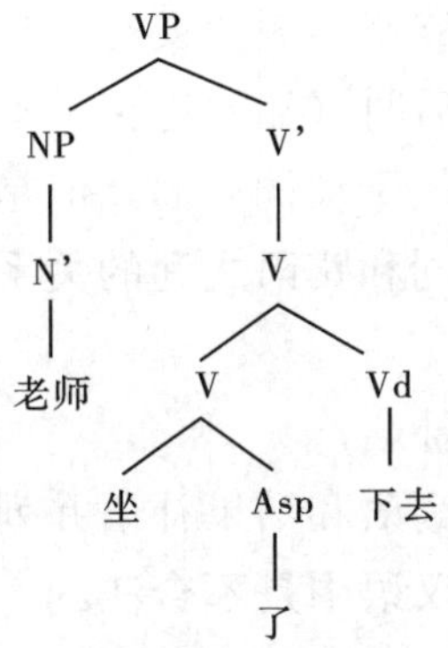

根据上面的语言事实，我们赞同何元建对于趋向补语位置的处理，我们认为趋向补语的原位是动词的姐妹节，是属于动词的后置附加语，我们假设趋向补语的基础结构如下例树图所示：

（130）带回去老家。

（131）送衣服去。

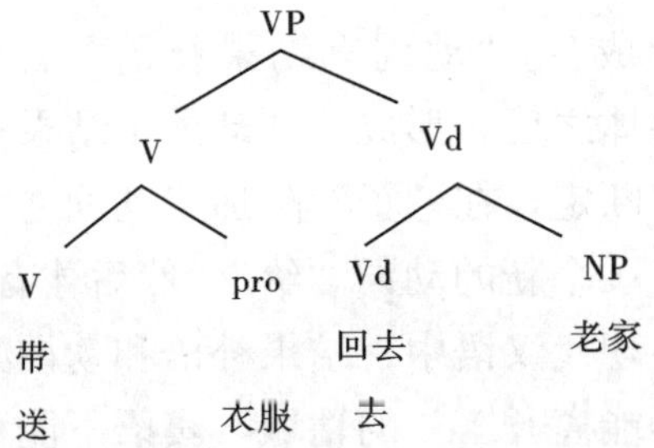

宾语 NP 前置漂移有限制，原位在 NP 位置的成分不能前置漂移至 pro 位置，但是 pro 位置的成分可以后置漂移到 NP 位置，如：

（132）*送老家回去。

（133）送去衣服。

"送回老家去"这种结构是怎么形成的呢？这类宾语位于复合趋向补语中间的情况是由复合趋向补语中的后一个成分后置形成的，尤其是"去"留在句尾正在逐渐经历语法化。我们认为"去"正在语法化为语气助词，句尾的"去"不能算复合趋向补语，如：

（134）a. 送一本书去。　　b. 去送一本书。

"去"的本意相当于 do，"送一本书去"相当于"去送一本书"，更常见的例子是"去"单独位于句尾，前面没有动词，如：

(135) 一边儿去。(=去一边儿。)

这里“去”在句尾一方面表示执行某种行为，另一方面表示驱赶的语气，这里的“去”不能省略，因为要给NP“一边”分派格和题元角色。只有“去”位于动词后时（如“送去一本书”）才真正表示趋向。

宾语和补语虽然并列位于动词后面，但是二者和动词之间的关系不同，生成语法理论认为动词和宾语之间的关系相对其他成分来说更加紧密（温宾利 2002：36）。

第三类，宾语+结果补语。

在现代汉语中，常见宾语和结果补语并列出现在动词后，但是宾语移至补语前的情况在现代汉语中是不合法的，如：

(136) a. 洗好脸　　　b. *洗脸好

(137) a. 吃饱饭　　　b. *吃饭饱

这类结果补语中“了”的位置比较特殊，如：

(138) a. *洗了好脸　　b. 洗好了脸

(139) a. *擦了干净　　b. 擦干净了

我们认为，当“了”作为动词语缀附着在动词后时，它将“动词+结果补语”看作一个成分，“动词+结果补语”首先形成一个共同体，然后“了”附着在整体之后，形成［［动词+结果补语］+了］这样一个结合体。由此可以断定，在“了”附加于动词之前时，动词与结果补语先进行合并，形成一个新的动词“给”，然后才有“了”的加缀过程。

可以总结出，在现代汉语中，结果补语和动词必须紧邻，结果补语是动词的附加语，不能离开V’的辖域，宾语不能移至二者中间。但是在方言中，单音节的宾语和单音节的结果补语并列时，宾语可以前移至补语前，如：

(140) 敲伊碎（敲碎它）

(141) 晒伊干（晒干它）（上海话）

(142) 扣伊幼（把它敲得碎碎的）

(143) 曝伊燋（晒干它）（厦门话）（李如龙 2013）

综合以上分析，宾语和补语并列时，宾语的漂移根据补语类型的不同而受到不同的限制，不同的补语类型在生成语法中也有了不同的界定，结果补语和时长频率补语属于附加语，趋向补语也属于动词的后置附加语。对于第一类，宾语+DFP结构中并不涉及宾语的移位，是附加语DFP嫁接位置的不同造成不同的语序。对于第二类，宾语+趋向补语，这类结构的深层结构应该为：V＋pro/NP＋Vd＋NP（如“带一本书回去老家”）。V后有一个可以承载宾语NP的空位（NP不是必须出现的），如果pro位置被实际宾语占据，那么这个宾语不能后置漂移到趋向动词后、NP前的位置：＊V＋Vd＋pro/NP＋NP。同样，句尾的NP因为不是真正的宾语，也不能占据原来宾语的位置：＊V＋NP＋Vd＋pro/NP。对于第三类，宾语＋结果补语，在现代汉语中，结果补语和动词必须紧邻，结果补语是动词的附加语，不能离开V’的辖域，宾语不能移至二者中间。

（二）宾语后置漂移及其生成机制

陆镜光（2000）研究了句子成分的后置情况，在他所列举的后置成分中，没有发现宾语后置的情况。我们认为一方面是由于宾语的原位决定不能后移，因为在SVO型语言中，宾语一般在句尾，没有后置于其他成分的可能；另一方面，按照从旧到新的信息结构模式，宾语一般承载新信息，是天然的焦点敏感成分，前置突出的可能性更大。所以，相比宾语前置漂移情况，宾语后置漂移情况极少，我们认为，在现代汉语中，宾语后置漂移只出现在一种情况中，就是当说话人急切提醒对方做某个动作时。例如：

（144）看啊，那辆车！

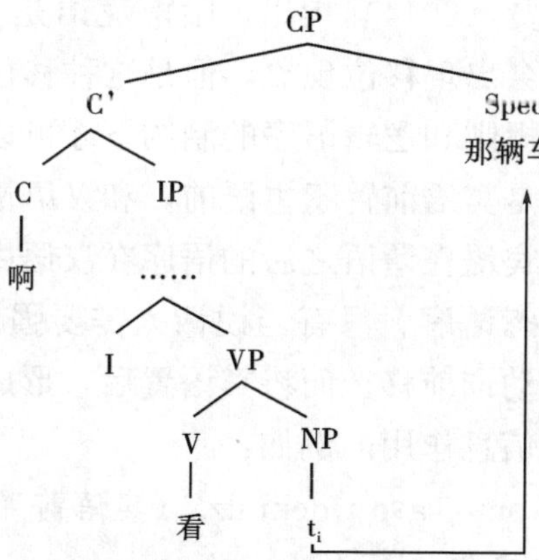

宾语“那辆车”后置漂移到一个嫁接的Spec位置，其深层结构和表层结构仍然是正常SVO语序。

汉语中的宾语后置漂移现象比较罕见，还有一种情况疑似宾语后置。例如：

（145）a. 一只老鼠跑了。　b. [] 跑了一只老鼠。

（146）a. 父亲死了。　b. [] 死了父亲。

我们认为这类不属于宾语漂移而是属于主语漂移，是 NP 从主语位置后置漂移到句尾，这种特殊情况和这类特殊的不及物动词有关，在主语漂移的章节会详细解释原因。

除了汉语中有宾语后置漂移之外，在藏缅语中的少数民族语言中也存在宾语后置漂移的现象，如彝语中就存在宾语后置漂移现象。李世康（1988）指出，彝语的宾语一般位于谓语之前，即 SOV，宾语后置式为 SVO tɔ^{55}，宾语由人称代词或名词来充当。如果要强调动作所涉及的对象，就可以使用这种句式，表示命令、教训、请求、警告或威胁的感情色彩。例如：

（147）ŋo^{21} tsʰɯ^{21} si̠^{21} dzə^{33} tɔ^{55} di̠^{55} di̠^{55} ɤɔ^{33}？
我　砍　树　棵（助）许　（助）
我能砍那棵树吗？

SOV 表达重心在主语，SVO tɔ^{55} 表达重心在宾语，李世康（1988）认为彝语宾语后置这种语法现象是由修辞的需要决定的。我们认为这种修辞驱动的可选性移位属于语音形式移位理论范畴，这种彝语中的宾语后置和汉语中的宾语后置漂移是同一种类型。

除了少数民族语言中有宾语后置现象，哈萨克语中也有宾语后置漂移现象。雷云、李信贤（2014）指出，哈萨克语是 SOV 语言，当有特殊修辞表达需要时，会出现移位现象，但是这种移位是根据表达修辞等方面的需要，在语法规则和逻辑语序的制约下才可以实现。移位主要表现为两种情况：一种是宾语前置于主语前，和汉语情况相同；另一种是后移到谓语后，这种宾语在谓语之后的语序在汉语中属于常态语序，但在哈萨克语中是非常态语序。只有当说话人需要强调谓语动作的时候，出于语用动因才能将动词前移，而将宾语置后，形成 SVO 语序，其中，宾语在句末是起补充信息作用。例如：

（148）Biz onə aɤa dejimiz.（宾语前置于主语前）
哥哥 我们 叫　他
我们叫他哥哥。

（149）Biz oqəp boldəq,　ælgi kitaptə.（宾语后置）
我们已经看完了　那本 书
我们已经看完了，那本书。

雷云、李信贤（2014）认为，在哈萨克语中，不管宾语和句子成分之间如何互换位置，句子的主要意思始终不变，也就是说，句子成分的位移只是在语用层面上，而在语义层面上是不会发生变化的。我们认为哈萨克语中这种不影响语义和句法结构的宾语后置就是宾语漂移的一种类型。

日语中也有宾语后置漂移的情况。秦礼君（2003）指出，日语中也有宾语后置情况，日语基本语序是SOV，有时为了强调动词部分而将其先表达出来，也就是宾语从原来位置移至动词之后，古代日语和现代日语的宾语位置没有不同。例如：

（150）見よ、前方の川　を。

看哪　前边的河流 宾格

看哪，前边的河流。

（151）ああしずめたまえ荒れ狂う流れを！

啊！平息下来吧，波涛汹涌的流水。

日语中宾语后置之后仍然带有宾格标记，说明句法关系和语义没有改变，只是因为修辞或者语用因素，宾语在语音层进行了漂移。

除了哈萨克语、日语之外，英语中也有宾语后置现象。例如：

（152）a. We found behind the cupboard a secret exit.

b. We found a secret exit behind the cupboard.

宾语 a secret exit 和介词短语 behind the cupboard 的位置可以互换，我们认为是宾语 a secret exit 后置，而非介词短语前置，因为按照格指派的“邻接条件”①，动词 found 要释放自己的格位，a secret exit 正是接受格位的 NP，所以 a secret exit 的原位是在 V 后的 NP 位置，a 句是由 b 句宾语后置漂移形成的句子。

综合彝语、哈萨克语、日语和英语中的案例，这些语言中存在和汉语中宾语后置漂移同类的情况，都是在不改变句法结构和语义内容的前提下进行的宾语后置，我们将其统一归入宾语漂移理论框架下解释。

（三）简单句宾语漂移的限制条件

袁毓林（1996）也谈到过宾语移出的条件，认为“只有允许宾语悬

① 邻接条件（adjacency condition），即授格成分和接受格的名词短语之间不但需要有管辖关系，而且必须有直接居前关系，即两者必须相邻，中间不能存在阻隔成分。

空（stranding）的动词，其宾语才能前移，由这种动词构成的主谓句可以派生出主谓谓语句；不允许宾语悬空的动词，其宾语不能前移，由这种动词构成的主谓句不能派生出主谓谓语句”。我们认为袁毓林概括出了部分移位规则，可以在此基础上进一步具体细化。通过对上述几种类型中宾语的漂移情况的观察与描写，关于宾语漂移，我们可以得出以下规律：

第一，不能违反词语完整律。例如：

（157）＊果他吃苹。

第二，宾语可以移出标句词外。例如：

（154）他吃吗？苹果。

（155）打啊！那个地鼠。

第三，宾语可以单独前置，附加语不一定都要伴随漂移，数量短语可以作为语迹和 NP 同指。例如：

（156）苹果，他吃两个吗？

（157）漂亮的裙子，我穿了一件［］。

第四，遵循禁止介词悬空原则。如：

（158）＊李四$_i$，这件事［跟 e_i 没来］没有关系。

第五，一般来说，只有受事宾语、结果宾语可以前置漂移，工具宾语、目标宾语不能前置漂移。例如：

（159）a. 我们吃苹果。　　b. 苹果我们吃。

（160）a. 我们盖房子。　　b. 房子我们盖。

（161）a. 我们写毛笔。　　b. *毛笔我们写。

（162）a. 我们吃工程。　　b. *工程我们吃。

第六，判断动词句的宾语前置漂移之后，在宾语位置上不能用代词复指。例如：

（163）＊中国共产党党员我是他。

第七，宾语漂移之后留下语迹，不受空语类原则限制。例如：

（164）米饭$_i$，我吃了 t_i。

（165）看 t_i 啊！那辆车$_i$。

虽然可以在语迹位置补出同指的代词“它”，但是这个位置不能被其他 NP 所占据。宾语漂移是否违反空语类原则呢？空语类原则（ECP）规定：语迹必须受到严格管辖。如果 A 题元管辖或先行语管辖 B，则 A 严格管辖 B。

我们发现，虽然宾语前置看起来遵循空语类原则，但是后移的成分“车$_i$”既不能题元管辖 t_i，也不能对 t_i 进行先行语管辖，并且空语类原则是存在于句法移位层面的，对于语音形式移位，因为深层结构和表层机构没有发生变化，所以不涉及真正的空语类，而只是语音形式上的语迹。

第八，宾语不能移至其他成分的修饰语和中心语中间。例如：

（166）a. 隔壁的幼儿园有滑梯。

b. * 隔壁的滑梯幼儿园有。

（167）a. 他醉醺醺地说了一番话。

b. * 他醉醺醺地一番话说了。

（168）a. 他没吃过饺子。

b. * 他没饺子吃过。

以上述例（168）a 句为例，否定句的句法结构为：

（169）他没吃过饺子。

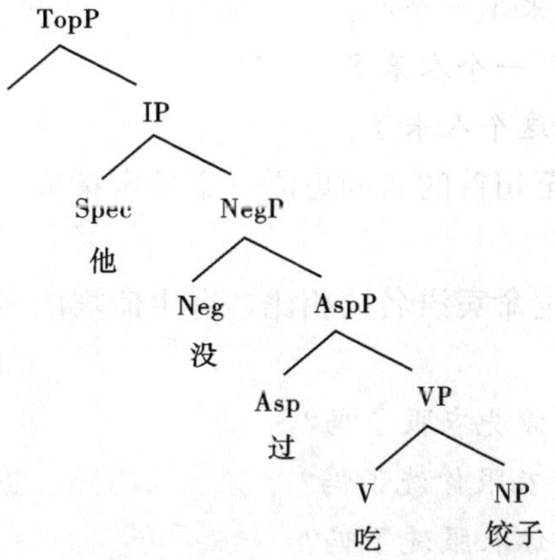

通过上例可以看出，宾语不能移至主语的附加语与主语之间的位置，不能移至谓语的附加语与谓语中间的位置。此外，宾语“饺子”也不能移至否定成分“没”和被否定成分中间的位置。

第九，黏着成分前面不能被插入任何成分。例如：

（170）a. 送过一张比萨。　b. * 送一张比萨过。

汉语中最常见的黏着成分一类是语法上的标记，一类是构词上的黏着语素，后者不能插入成分是因为一旦插入，则会破坏词语完整律，这点前文已经提到，此处不赘述。语法上的标记，包括时态标记“着”“了”“过”，以及其他的一些焦点标记“是”、名物化标记“的”等之类的成分，和其所附着的成分之间一般都不能插入其他成分。

第十，一般来说，代词宾语不能前置漂移，如：

(171) a. 我想你。　b.？你我想。　c. 你我不想。

(172) a. 我告诉你。　b.？你我告诉。　c. 你我不告诉。

这类肯定句中代词做宾语，宾语不是句子的表意重点，也不能做句子的话题成分，但是在否定句中，这类代词宾语可以前置做话题成分。此外，还有一类相似的现象，即无定指名词宾语也一般不能前置漂移，如：

(173) a. 你回答一个问题。
b.？一个问题你回答。
c. 这个问题你回答。

(174) a. 我去一个地方。
b.？一个地方我去。
c. 这个地方我去。

(175) a. 来了一个人。
b.？一个人来了。
c. 这个人来了。

所以，能漂移至句首的名词短语一定是定指成分，不定指 NP 不能位于句首。

第十一，和无生命宾语名词相比，有生命宾语名词的漂移限制相对较多，如：

(176) a. 你洗衣服了吗？
b. 衣服你洗了吗？
c. 你衣服洗了吗？

(177) a. 李四开除张三了吗？
b.？张三李四开除了吗？
c.？张三开除了吗，李四？

对比上面两例，当宾语前置漂移时，无生命宾语名词前置不会和主语造成混淆，也不会产生歧义，即使是两个名词短语同时位于动词前面，动词“洗”的题元角色分派决定了主格和宾格的基本结构，并且主格和宾格有着本质的区别，主格是［＋生命］，宾格是［－生命］，二者即使同时位于动词前也不可能混淆，但是有生命宾语名词前置会和主语造成混淆，语义会发生变化。

总之，宾语漂移类型中，能够从典型宾语位置自由漂移至句首位置，添加话题功能的宾语只有受事宾语及对象宾语，受事宾语漂移之后原位留下语迹，也可以由同指代词突显。“把”字句包括其他有介词介引的短语都不属于宾语漂移，而是句法移位，或者基础生成在附加语位置。

二、双宾语中宾语漂移

对双宾句的句法结构分析广泛接受的是 Lason（1988、1991）的研究，他提出了著名的“VP 壳分析”（VP-Shell analysis），他认为，“John give Mary a gift.”的句法结构应该是：

（178）John give Mary a gift。

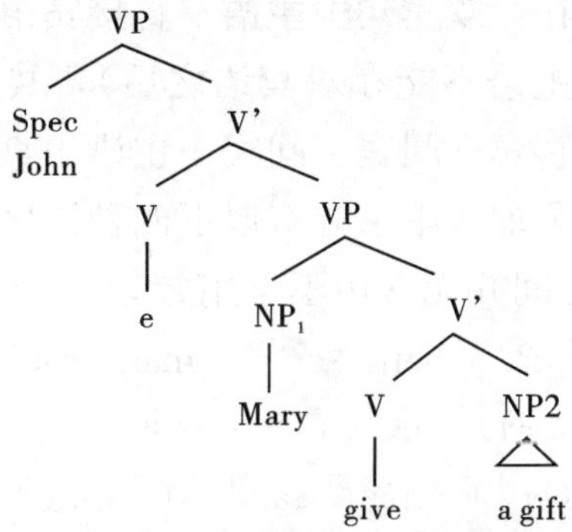

后来的学者将前一个空位 e 发展为轻动词，也就是现在主流的对于双宾语的分析方法。这种对双宾句句法结构的假设符合英语和部分汉语使用情况，但是汉语的双宾句中的直接宾语和间接宾语都可以离开原位，移到句子的其他位置，如：

（179）二十块钱祖父给过他。

（180）一辆摩托车，姐姐送给我。

除了汉语之外，其他语言的双宾句也存在易位现象，陈永莉（2007）指出，藏语中某些双宾语句除了动词可以稳定地位于句尾之外，两个宾语的语序也是相当灵活的。如“老师给了他一本书”，这个句子在藏语中可以有四种语序：

（181）rgan logs kyis khang la　　dpe cha gcis sprod song.

老师　　他（与格助词）　一本书　　给

$(S+O_i+O_d+V)$

（182） dpe cha gcis rgan logs kyis khang la sprod song.
一本书 老师 他（与格助词） 给
(O_d+S+O_i+V)

（183） khang la rgan logs kyis dpe cha gcis sprod song.
他（与格助词） 老师 一本书 给
(O_i+S+O_d+V)

（184） dpe cha gcis khang la rgan logs kyis sprod song.
一本书 他（与格助词） 老师 给
(O_d+O_i+S+V)
老师给了他一本书。

戴庆厦、傅爱兰（2001）指出，在载瓦语、纳西语中，由于主语助词和宾语助词同时存在，双宾句中主语、直接宾语、间接宾语三个成分的语序比较灵活（但主语不能在双宾语之后），共有四种语序：主语＋间宾＋直宾、主语＋直宾＋间宾、间宾＋主语＋直宾、直宾＋主语＋间宾。如载瓦语“我给了他一本书”有以下四种语序六种形式（前两句的主语助词可省略），之间并无常用不常用之分：

（185） ŋo^{51}（eʔ^{21}） jaŋ^{21} ʒeʔ^{55} mau^{51} sau^{21} lə^{23} lum^{21} pji^{21} le^{51}.
我（主助） 他（宾助） 书 一 本 给（助）

（186） ŋo^{51}（eʔ^{21}） mau^{51} sau^{21} lə^{23} lum^{21} jaŋ^{21} ʒeʔ^{55} pji^{21} le^{51}.
我（主助） 书 一 本 他（宾助）给（助）

（187） jaŋ^{21} ʒeʔ^{55} ŋo^{51}（eʔ^{21}） mau^{51} sau^{21} lə^{23} lum^{21} pji^{21} le^{51}.
他（宾助）我（主助） 书 一 本 给（助）

（188） mau^{51} sau^{21} lə^{23} lum^{21} ŋo^{51}（eʔ^{21}）jaŋ^{21} ʒeʔ^{55} pji^{21} le^{51}.
书 一 本 我（主助）他（宾助）给（助）
我给了他一本书。

（一）直接宾语漂移

对于双宾句中直接宾语的移位情况，有很多相关的前人研究，陆俭明（1980）就专门谈到汉语口语中的双宾句中的易位现象，他指出，带双宾语的动词谓语句，述语和宾语也能发生易位现象。由此形成的述宾易位句，常见的是：

（189） 一支英雄金笔，他送我。（＝他送我一支英雄金笔。）

（190） 两件衣服，我给了他。（＝我给了他两件衣服。）

以上可看作宾语前置的述宾易位句。还可以有下列说法，但不常用：

（191）一支英雄金笔，送我。

陆俭明认为下列格式绝对不能说：

（192）*他一支英雄金笔，送我。[①]

何元建（2011：247）区分了直接宾语和间接宾语，直接宾语一般是客事题元（theme），间接宾语是目的题元（goal）或者受益题元（benefitiary），多数可以用与格介词“给”标记出来，所以又统称与事。间接宾语如果没有介词“给”做与格标记，就叫作双宾句；如果有，就叫作与格句。但是，间接宾语如果出现在直接宾语之前时，与格标记可选；如出现在直接宾语之后，必须有标记。

对于双宾句的范围界定，我们采用顾阳（1999）的分法，真正的双宾语只有两类，客体宾语和予夺宾语。如：

客体宾语：送他一本书　买你一本书

予夺宾语：送你一本书　买你一本书

顾阳（1999）指出，直接宾语在句法上最明显的特征是可以充当句子的主语，所以它也被称作第二主语，即直接宾语是句子主语的候选者。同时，他也指出，直接宾语和间接宾语可以互换位置，如：

（193）我送了［一本书］给［他］。（与格结构）

客体宾语　与格宾语

（194）我送给［他］［一本书］。（双宾结构）

与格宾语　客体宾语

这与英语中的情况相同：

（195）a. I give a book to him.

b. I give him a book.

我们知道双宾语结构是由与格结构衍生而来的。在衍生过程中，出现过句法层面上的被动化（passivization），从而使原来在与格位置上的宾语名词组得以进入直接宾语的位置，而客体名词组则被降位（demote）至附加语（adjunct）的位置，最后得到“I give him a book.”。

张建（2007）指出，不同类别的双宾句直接宾语发生移位的方式和

① 我们认为直接宾语是可以前置漂移到主语后的位置，这句话换成“他一支英雄金笔，送我了”也可以成立。

能力是不同的，给予类双宾句直接宾语的移位主要表现为用介词“把”“将”将直接宾语提前，例如：

（196）您不贪污可您浪费呀，我看您养一只宠物吧，把牛奶面包什么的喂给小猫小狗。

（197）说着，秀萍拿起一个馒头，一掰两半儿，把其中的一半递给了刘民。

张建（2007）指出，除了用介词使直接宾语前移之外，话题化也是一种重要的前移手段，如：

（198）第二天中越就开始收拾行李，大件的家具电器，都送给了范潇潇。

（199）广顺照常每天和祖父来拉话。广顺吃祖父给的纸烟，祖父吃他的旱烟。两个老人无话不谈。广顺临走时，祖父二十块钱给过，五十块钱给过，一百块也给过。

我们赞同张建（2007）对于直接宾语前移的事实观察，直接宾语前移确实有介词“把”“将”等辅助前移和直接前移两种情况，但是我们认为，由介词辅助的直接宾语前移不属于漂移范畴，属于句法移位，移位之后句法结构发生了变化，我们认为，双宾句中直接宾语漂移的情况有以下两种：

第一类，前置漂移到句首位置，如：

（200）a. 我给了他一些忠告。

b. 一些忠告我给了他。

c. 忠告我给了他一些。

陆俭明（1980）指出，带双宾语的述宾易位句，前置的直接宾语一般由“数量名”结构充任，易位时一般要求整个“数量名”结构都前置。他指出，像“英雄金笔，他送我一支”“衣服，我给了他两件”据调查一般不怎么说。但是我们认为，直接宾语前置漂移情况和简单句中的宾语漂移情况相同，修饰语可以留在原位，与漂移至句首的直接宾语形成语链，显示同指关系。

第二类，前置漂移至主语后位置，如：

（201）a. 祖父给过他二十块钱。

b. 祖父二十块钱给过他。

除了添加介词的方法，有的直接宾语可以前置漂移到间接宾语前，这种情况只在部分方言中出现，如：

（202）＊给一本书他。（普通话）

（203）给钱你。（武汉方言）

（204）单位分了两间屋我。（大冶方言）（汪国胜 2000）

汪国胜（2000）指出，大冶方言的双宾句有两种语序，构成两种格式："$S+V+O_1+O_2$"式和"$S+V+O_2+O_1$"式。但是并非所有直接宾语都能前置漂移到间接宾语前，如：

（205）＊我问点事你。

（206）＊渠泼了一身个潲水我。

汪国胜（2000）指出，大冶方言中只有"给予"义动词的双宾句才可以有两种语序；"取得"义动词的双宾句虽说有的也可以变动语序，但易序后改变了语义，并且语序的改变也不是自由的；大部分动词构成的双宾句跟普通话中双宾句语序一样，直接宾语和间接宾语一般是不能换位的。我们按照顾阳（1999）对于双宾语范围的界定，认为给予类双宾句中的直接宾语和间接宾语只在方言中可以出现漂移现象，普通话中不存在这种现象。

（二）间接宾语漂移

关于间接宾语的移位，陆俭明（1980）指出，带双宾语的动词谓语句发生述宾易位时，总是直接宾语前置，间接宾语不能前置，他认为下列易位句不合法：

（207）a. "他送你什么啦？""＊我一支英雄金笔，他送。"

b. "他送谁一支英雄金笔？""＊我，他送一支英雄金笔。"

我们赞同陆先生的事实观察，但是，有的间接宾语是可以前置的，如：

（208）a. 小丽$_i$ 我送了 t_i 一套《百科全书》。

b. 小丽$_i$ 我送了她$_i$ 一套《百科全书》。

（209）a. 我给了张三一些忠告。

b. 张三$_i$ 我给了 t_i 一些忠告。

c. 张三$_i$ 我给了他$_i$ 一些忠告。

（210）a. 李四买了鲁迅一本书。

b. 鲁迅$_i$ 李四买了 t_i 一本书。

c. 鲁迅$_i$ 李四买了他$_i$ 一本书。

间接宾语可以直接前置漂移到双宾句句首，发挥话题的功能，但是在直接宾语的句法位置上留有语迹，与移至句首的直接宾语同指。

“了”的位置可以直接加在动词“给”“买”等后，也可以放在“双宾动词+间接宾语”后，如：

(211) a. 给了我一盒巧克力。

b. 给我了一盒巧克力。

张建（2007）指出，在给予类双宾句中，主要是通过介词“向”等使间接宾语前移。例如：

(212) 在盖头下的缝隙间，他一眼瞥见了那花花绿绿的票票，票票在不断地向他递送着媚眼，用一只狐媚的眼勾引着他。

我们认为，这种通过介词支持形成的间接宾语“向他”前置结构不属于漂移范畴，属于句法移位。对于间接宾语的前置漂移，和直接宾语一样，都受到一定的规则限制。

首先，间接宾语为代词性成分，一般不能漂移至句首，如：

(213) a. ？他$_i$ 我给了 t_i 一盒巧克力。

b. 张三$_i$ 我给了 t_i 一盒巧克力。

例（213）a 句中间接宾语是代词“他”，漂移至句首，句子也能成立，但是一般不这么用。b 句的用法更为常见，原因和前文介绍的简单句宾语一样，都是因为代词不提供新信息或者出于被话题化的必要，移至句首不能发挥应有的作用。

其次，间接宾语漂移后原位留有语迹，一般需要同指代词占位，如：

(214) a. 我买了小王一只鸡。

b. ？小王我买了一只鸡。

c. 小王我买了他一只鸡。

例（214）b 句中间接宾语“小王”移至句首之后，如果原位没有代词占位复指，则句意发生了变化，“小王”由间接宾语变为称呼语。c 句中在间接宾语的原位语迹由同指代词占用，保证了“小王”间接宾语的属性。

（三）直接宾语和间接宾语组合前置漂移

直接宾语和间接宾语不仅能分别单独前置漂移，二者还能一起前置漂移，如：

（215）a. 老张送了我一辆自行车。

b. * 我一辆自行车老张送了。

（216）a. 保安偷了学校几把锁。

b. ？学校几把锁保安偷了。

c. 学校几把锁被保安偷了。

直接宾语和间接宾语共同前置到句首的情况一般属于被动式。之所以“学校几把锁保安偷了”比“＊我一辆自行车老张送了”接受度高，是因为间接宾语“学校”和直接宾语“几把锁”之间本身存在领属关系，而“我”和“一辆自行车”在老张“送”这个动作发出前不存在领属关系。又如：

（217）这件事，有些人，我故意不告诉。

在实际交流中，上例中直接宾语和间接宾语分别前置漂移的情况也会出现，一方面是因为“告诉”这个动词的特殊性，如：

（218）a. Tell him the story.

b. Tell the story to him.

（219）a. 告诉他这个故事。

b. * 告诉这个故事给他。

c. 把这个故事告诉（给）他。

“告诉”这个词语和其他双宾词语不同，不能转换为与格结构。这种情况中直接宾语“这件事”前置漂移到句首具有话题功能，是定指成分，间接宾语“有些人”带有次话题功能，“告诉”的宾语只有两种，一个是人、一个是事件，所以前置漂移到句首不会造成歧义。

（四）双宾句宾语漂移限制条件

我们总结出双宾句中宾语漂移大体分为三种情况：直接宾语前置漂移、间接宾语前置漂移、直接宾语间接宾语一同前置漂移。三种情况中宾语漂移受限制程度不同。

1. 直接宾语前置漂移

直接宾语一般都可以前置漂移到句首位置，起突出新信息的作用，如：

（220）一台苹果电脑，我送给弟弟。

但是，不是所有的直接宾语都能自由地漂移，直接宾语的漂移限制条件和简单句中的宾语限制条件基本相同。

首先，直接宾语不能前置到间接宾语前的位置，如：

(221) a. 我买给他一台机器。

b. *我买给一台机器他。

其次，不定指直接宾语一般不能前置漂移，如：

(222) a. 我赠给他一本书。

b. ？一本书我赠给他。

(223) a. 我赠给他鲁迅的《伤逝》。

b. 鲁迅的《伤逝》我赠给他。

(224) a. 哥哥送给了我一个钱包。

b. ？一个钱包，哥哥送给我了。

(225) a. 哥哥送给了我那个红色的钱包。

b. 那个红色的钱包，哥哥送给我了。

句首成分一般表示有定成分，不定指“一本书”“一个好消息”不能出现在句首位置。

最后，前置漂移只能降落在嫁接的Spec位置，如：

(226) a. 我去年在北京赠给他刘慈欣的《三体》。

b. *我去年在刘慈欣的《三体》北京赠给他。

直接宾语移至介词短语之间位置，但这个位置不能有Spec位置，因此违反了上述规则。

2. 间接宾语前置漂移

首先，间接宾语前置句首时，原位一般要有同指代词复指，不然会产生歧义，如：

(227) a. ？小王我买了一本书。

b. 小王我买了他一本书。

其次，间接宾语为代词性成分，一般不能漂移至句首，如：

(228) a. ？他$_i$ 我给了 t_i 一盒巧克力。

b. 张三$_i$ 我给了 t_i 一盒巧克力。

最后，句子为完成时，间接宾语能单独前置漂移至句首，添加话题特征，如：

(229) 鲁迅我买了一本《野草》。

(230) 班长我送了一块巧克力。

当句子没有完成时标记时，移至句首的间接宾语很容易有两种解读，一种为称呼语，如“班长，我送一块巧克力”，这里的“班长”容易被解读为称呼语；另一种为对照排比句的话题，如下所示：

（231）鲁迅我买《野草》，郭沫若我买《女神》，曹禺我买《雷雨》。

3. 直接宾语和间接宾语一同前置漂移

一般来说，直接宾语和间接宾语之间有领属关系时，前置漂移不受限制，如：

（232）*我一本书，他送。

（233）乡长五千块钱，他骗了。

一般两个宾语不漂移，如果组合前移的话，一般可以插入“被”，形成“被”字句：

（234）乡长五千块钱被他骗了。

总之，要梳理出双宾句中宾语漂移的规律与限制条件，则需以学界对于双宾句的类型和范围达成共识为基础。如果双宾句的范围限制不清晰，则对于规律的提取也不能准确反映双宾句漂移的真正特质。为了避免不必要的争议，我们选取各个学者中对双宾句判别标准较为严格的顾阳（1999）的观点，对典型的双宾句宾语漂移情况进行了考察，发现直接宾语的漂移基本与简单句中宾语漂移情况相同，而间接宾语漂移限制条件相比则更加特殊。

三、嵌套小句中宾语漂移

（一）前人研究

嵌套小句在生成语法中属于复杂 NP 或从句，这种结构内部也存在宾语 NP，这类宾语 NP 的移出条件是什么，学界没有给出定论。黄正德等（2013），徐烈炯、刘丹青（1998）都从不同的角度对这同一现象进行了探讨。黄正德等（2013）指出，生成语法认为一定辖域内的成分是不可能移出的，如：

（235）a. *李四$_i$，我认识［很多［［e_i 喜欢］的］人］。

b. *李四$_i$，我很喜欢［［［e_i 唱歌］的］声音］。

如果空位［e_i］由复述（resumptive）代名词代替的话，这些句子就会成为可接受的句子。黄正德等（2013：200）指出，这些句子不合法的真正原因是违反了孤岛条件，也就是 Ross（1967）提出的复杂 NP 限制（complex NP constraint，简称 CNPC）效应，是 Chomsky 的邻接性（subjacency）的一个具体例子。

汉语的话题化受复杂 NP 约束限制，有的语言学家认为话题化在出现空位时是由移位推导而来，但是，黄正德认为，孤岛限制，包括附加语条件（adjunct condition）和主语条件（subject condition）在内的提取域条件，以及禁止从左分支进行提取的左分支条件（left branch condition），都适用于汉语，如：

左分支条件：

(236) *张三$_i$，我看见［e_i 爸爸］。

附加语条件：

(237) *李四$_i$，这件事［跟 e_i 没来］没有关系。

但是，黄正德等（2013：200）指出汉语中也有违反主语条件的情况，如：

(238) 这个学生$_i$，［［e_i 去参加这个比赛］最合适］。

在某些情况下也会违反左分支条件。

(239) 张三$_i$，［［e_i 爸爸］很有钱］。

其他孤岛限制似乎也是可以违反的。下面的句子显然违反了复杂 NP 限制和附加语条件，但都完全可以接受：

(240) 张三$_i$，［［e_i 喜欢的］人］很多。

(241) 李四$_i$，因为 e_i 批评了张三，(所以) 没人要他。

此外，当某一孤岛出现在主语或主语前位置时，孤岛效应似乎是无效的。为什么有这些例外？Huang（1984）认为，汉语和英语之间的重要差异在于：哪个空代名词（小代语 pro 还是大代语 PRO）是可用的。汉语允许可以出现在所有论元位置上的空代名词（小代语）的存在，相比较而言，英语只允许出现在无格位置上的空代名词（大代语，如不定式句子的主语）的存在。小代语或大代语的分布受到广义控制规则（generalized control rule，简称 GCR）的管辖，广义控制规则是对控制英语大代语指称规则的概括。

广义控制规则：空代词与最邻近的名词性成分同指。

黄正德等（2013：201）指出，上述所讨论的例子表面上违反了孤岛条件限制，但是因为 GCR 可以让空代名词与在论元或非论元位置上的先行语同指，所以上面所提表面上违反孤岛条件限制的例子可归因于汉语拥有小代语的可能性。GCR 只寻找离它最近的先行词，与移位不同，不受邻接性、提取域或其他孤岛条件的约束，所以，黄正德认为汉语中并没有真正出现违反这些限制的情况。他指出，上述讨论表面看来违反了孤岛条件的结构，实际上涉及一个小代语，这个小代语根据 GCR 与话题同指。所有含空位的话题结构都跟孤岛条件相关。

徐烈炯、刘丹青（1998：123）也探讨过这一现象，指出内嵌层次较多的小句中的论元也能移至句首做话题：

(242) 这本书，我不记得你说过他已经读完了[它]。

(243) 小明的婚事，我觉得老王暗示过[这件事]不合适。

处在孤岛条件限制下的关系小句中的论元也可以移至句首做话题。

(244) 这本书，读过[它]的人不多。

（二）嵌套小句中宾语漂移的类型

前人虽然对于这一现象有争论，但是他们都将这类移位处理为句法移位，我们认为，有些从句中 NP 的移出不是句法移位，因为不改变基本的句法结构和语义关系，不一定遵守孤岛条件，这种移位属于语音形式移位，不遵循句法移位的限制条件。我们将黄正德等（2013），徐烈炯、刘丹青（1998）所举出的例子进行重新分析，将这类现象和所有的宾语漂移现象归为一类，统一处理。

我们将嵌套小句基本分为以下几类，其中内嵌小句中宾语的漂移情况也有不同。

1. 宾语从句中的宾语漂移

先看一个例子：

(245) a. 我知道[李四觉得你们都会喜欢张三]。

b. 张三$_i$，我知道[李四觉得你们都会喜欢 e_i]。

c. 王五$_i$，张三说[李四不认识 e_i]。

上例中，宾语从句中的宾语仍然是表义的重点，可以漂移至句首发挥话题的功能，这种移位和简单句中宾语前置漂移情况相同。

黄正德与徐烈炯关于汉语中孤岛条件的限制有争论。黄正德认为汉语的话题结构和英语的疑问结构一样，遵守孤岛条件。下面例（246）这句话不成立，因为做定语的小句是个孤岛，岛内成分“这本书”不能移出。

(246) *这本书，读过［］的人来了。

而徐烈炯、刘丹青（1998）认为汉语话题结构并不服从孤岛条件，举的例子是：

(247) 这本书，读过［］的人不多。

我们认为，这两个例子都是合法的句子，只是“这本书，读过［］的人来了”句子的可接受度稍低，如将部分成分替换，句子可接受度则会更高：

(248)《老残游记》，读过［］的人都来了。

(249)《老残游记》，读过［］的人不多。

这两个句子用是否遵循孤岛条件是无法判定的，因为不是一个体系内的问题，孤岛条件限制的是句法移位，而这类移位属于语音层的宾语漂移现象，孤岛条件并不能妥善解释这类现象的限制条件。

2. 定语从句中的宾语漂移

我们先看以下例句：

(250) a. 我认识［很多［李四喜欢］的人］。

b. *李四$_i$，我认识［很多［［e_i 喜欢］的］人］。

(251) a. 我很喜欢［［［李四唱歌］的］声音］。

b. *李四$_i$，我很喜欢［［［e_i 唱歌］的］声音］。

(252) a. 我看见［张三爸爸］。

b. *张三$_i$，我看见［e_i 爸爸］。

(253) a. 我认识很多［批评张三］的人。

b. *张三$_i$，我认识很多［批评 e_i］的人。

(254) a. 王老师喜欢［鲁迅写的书］。

b. *鲁迅$_i$ 王老师喜欢［e_i 写的书］。

(255) a. 我吃了［妈妈做的饺子］。

b. *妈妈$_i$ 我吃了［e_i 做的饺子］。

(256) a. 我很喜欢曹禺写的剧本。

b. *曹禺$_i$，我很喜欢［e_i 写的］剧本。

上例的定语从句中都含有名词或名词短语，但是，定语从句中的名词成分都不能外置漂移，因为定语和定语从句不是句子的主干成分，属于宾语的修饰成分，受到辖域的限制，不能移出，同样，其他成分也不能移入定语从句内部。如：

(257) *我很喜欢［剧本$_i$ 曹禺写的］t_i。

如果定语从句中的宾语成分要移出的话，原位一定要有同指代词作为标示。如：

(258) 鲁迅$_i$ 王老师喜欢他$_i$ 写的书。

同时，定语从句内部本身又是一个简单小句，小句内部宾语可以在小句范围内漂移。如：

(259) 请在［他那本书读完］的时候来找他。

徐烈炯、刘丹青（1998：72）对这个例子的判定是不合法，我们认为语言事实并非如此，不仅这句话可以被理解和接受，下面这些例子也都是合法的句子：

(260) 请在［那本书他读完］的时候来找他。

(261) 请在［他读完那本书］的时候来找他。

（徐烈炯、刘丹青 1998：72）

因为定语从句本身是一个小句，小句内部就有主动宾成分，宾语在小句内部也是可以前置漂移的，漂移的条件和简单句一样，可以前置漂移到主语前，也可以前置漂移到主语后。

3. 主语从句中的宾语漂移

我们先看以下例句：

(262) a. ［李四照顾这个小孩］最合适。

b. 这个小孩$_i$［李四照顾 e_i］最合适。

(263) a. ［批评张三的人］很多。

b. 张三$_i$［e_j 批评 e_i 的人$_j$］很多。

(264) a. ［我去过北京］并不代表我就对北京熟悉。

b. ［北京$_i$ 我去过 e_i］并不代表我就对北京熟悉。

(265) a. ［有些老师不喜欢他］倒是真的。（王朔《我是你爸爸》）

b. ［他$_i$ 有些老师不喜欢 e_i］倒是真的。

(266) a. ［用户不买你的账］，说明你的产品质次价高。（王朔《过把瘾就死》）

b. ［你的账$_i$ 用户不买 e_i］，说明你的产品质次价高。

刘丹青（2005）指出，主语从句指“主谓短语做主语的句子”，因此主语就是一个简单句，所以主语从句中的宾语前置漂移和简单句中的前置漂移情况相同。通过对上文的考察，印证了主语从句中的宾语漂移和简单句的限制条件相同，但是，前两例表明，主语从句中的宾语可以前置到句首，后面几例表明，主语从句中的宾语也可以只在主语从句内部漂移。

（三）嵌套小句中宾语漂移的限制条件

通过上述分析，我们可以得出嵌套小句中宾语漂移的限制条件有：

第一，从句实际上就是一个完整的小句，所以宾语在小句中的漂移和简单句中的宾语前置漂移情况基本相同，可以在小句内部漂移。

第二，宾语从句中的宾语漂移不同于主语从句和定语从句，定语从句中的宾语成分不能漂移至从句的范畴之外。因为定语不是句子的主干成分，属于宾语的修饰成分，受到辖域的限制不能移出，如果要移出的话，原位一定要有同指代词作为标示。但是，定语从句内部本身又是一个简单小句，小句内部宾语可以在小句范围内漂移。

第三，主语从句和宾语从句中的宾语不仅能在小句内漂移，还能前置漂移到句首。

我们发现，只有定语从句中的宾语不能漂移出所在的辖域，主语从句和宾语从句中的宾语都和简单句中的情况相同，在从句内部也可以漂移，甚至可以漂移出从句的辖域范围。

第四节　宾语漂移的限制条件

综上所述，根据所在句型的不同，我们已经总结出宾语在不同情况下漂移的限制条件，其中，以简单句中的漂移限制条件为基础。虽然不同的句型有不同的限制条件，但是我们发现，不论哪种句型，都遵循以下这些条件。

首先，对于宾语漂移位置的限制，一般来说有如下几点：①宾语不能移至其他的 NP 位置（如直接宾语不能前置到间接宾语前的位置，宾语不能移至主语位置）；②宾语不能移至其他成分的附加语和中心语之间的位置；③宾语漂移只能降落在嫁接的 Spec 位置；④黏着成分和被黏着成分之间不能插入任何其他成分；⑤宾语不能漂移至从句内部，作为附加语的定语从句内部的宾语成分也不能漂移出从句的范围。

其次，宾语漂移的操作过程必须遵循禁止介词悬空原则，不能违反词语完整律，并且宾语漂移之后留下语迹，不受空语类原则限制。

最后，宾语漂移成分也有一定的限制条件。①宾语可以单独前置，附加语不一定都要伴随宾语漂移；②一般来说，只有受事宾语、结果宾语可以前置漂移，工具宾语、目标宾语不能前置漂移；③宾语前置至句首时，原位一般要有同指代词复指，不然会产生歧义，如间接宾语句、心理动词句，但是有些空位不能被代词占位同指，如判断动词句、有无动词句；④一般来说，代词和无定指名词作宾语时，宾语不能前置漂移。

总之，关于宾语移位的研究有很多，因为宾语移位方向基本上是从左至右，从下至上，所以很容易处理为句法移位。事实上，宾语的移位类型没有得到区分，宾语漂移应和宾语句法移位区分开来，宾语漂移理论将之前零散的、看起来没有关联的现象整合起来统一分析，分为三种类型：简单句、双宾句、嵌套小句中的宾语漂移。三种句子类型的宾语漂移有共性，也有差异。简单句中宾语漂移的限制条件是最核心也是应用最广泛的理论，它也适用于嵌套小句中的某些小句内部的宾语漂移。

第四章　谓词漂移

第一节　谓词移位的前人研究

“谓语”是和“主语”相对而言的概念，主语后面的成分一般称为谓语，“谓词”指的是谓语中的核心成分，一般是由动词充当。传统语法中的“谓词”概念是和“体词”相对而言的。朱德熙（1982：55）指出“谓词包括动词和形容词两类”，我们这里没有用“谓语”的概念，因为谓语包含的范围相对较大，而是借用传统语法中“谓词”的概念，但是主要指动词和动词短语，不包括形容词。

谓词一般不移位，因为谓词是句子的中心，句子的基本结构由谓词决定。朱德熙（1999：109）也指出，从结构上看，在正常情况下，主语一定在谓语之前。谓词处于谓语核心，一般不会发生移位。汉语是SVO型语言，句子顺序可以变换为OVS和SOV，但是所有的变换类型都是主语或者宾语移位造成，而非核心成分谓词移位造成。汉语中谓词一般不能前置。

（1）a. 我吃饭。　　　　　　b. *吃我饭。

（2）a. 张三去北京。　　　　b. *去张三北京。

但是少数民族语言中却存在谓词移位现象，肖则贡（1981）指出佤语中的谓语可以前移，如：

（3）a. Gon nyōm ah lāi.　　　　b. Ah gon nyōm lāi.
小孩　　读 书　　　　　　读　小孩　　书
小孩读书。

（4）a. Maix mōh mox?　　　　b. Mōh maix mox?
你　是　谁　　　　　　是　你　谁
你是谁？

(5) a. Ex aoh.　　　　　b. Aoh ex.
　　我 热　　　　　　　　热 我
　　我 热。

佤语的主语和谓语的语序不论如何变化，其基本意义不变。语序在这里虽然不影响基本意义，但是谓语前移之后在语用上更加强调和突出，让听话人能首先注意到句首成分。佤语中的前置成分就是被强调成分。

汉语口语中也存在类似的现象，由于语用因素造成的谓词可选性移位，本章主要讨论的谓词漂移现象包括谓语中心语的移位以及谓宾动词、“V 得”成分、连谓结构和兼语结构中的动词短语等移位情况。

第二节　谓词漂移的性质

一般情况下，谓词是不能移位的，因为谓词在句子中是核心成分，谓词的词汇特征决定句子的基本结构，所以主语和宾语是根据谓词的变化而变化。但是在生成语法体系中有一种看不见的移位属于中心语移位，即从 V 移到轻动词 v 位置，这种移位属于句法移位，移位改变了句子结构和语法意义，并且是必选型移位，不移位的话生成的句子不合法，如：

(6) D-结构：$[_{v'}$ v $[_{VP}$ 她 $[_{V'}$ 送一束花]]]
　　S-结构：$[_{v'}$ 送 $[_{VP}$ 她 $[_{V'}$ 一束花]]]

轻动词 v 吸引动词“送”前移，如果不移的话，就无法生成整个句子，生成过程失败。

汉语中有一种谓词移位不是必须移的，而是可移可不移的，如：

(7) a. 我打算去北京。　　b. 我去北京，打算。

上例中两种用法都是合法的，都可以进行正常交际，“打算”可以位于主语之后，谓宾短语之前，也可以位于句尾，作为补充性信息出现。

很明显可以看出，例 (6) 和例 (7) 所代表的是不同类型的谓词移位，有必要对这两种谓词移位类型进行区分。前一种移位是必选的，是强制性移位，不移位会造成句子不合法，并且是在句法框架下的移位，移位之后会改变句子的句法结构；后一种移位是可选的，非强制性移位，移位前和移位后生成的句子都是合法的，谓词移位不改变句子的基本句法结构关系和语义内容，说话人可以轻易地恢复正常语序。所以，前一种谓词移位是句法移位，后一种是语音形式移位，也就是谓词漂移。区分不同的谓词移位类型有助于问题的妥善解决，如果将谓词漂移现象纳入句法移位中处理，就会破坏句法移位系统，增添不必要的附加条件，并且也不能合理解释这种可选性移位的性质。

第三节　谓词漂移的类型

汉语中的谓词位于主语之后，一般情况下是不能移动的，但是，下面几种情况中谓词却没有在原来的位置上：

（8）a. 我打算去上海。

　　 b. 我去上海打算。

（9）a. 他跑得鞋都掉了。

　　 b. 他鞋都掉了，跑得。

（10）a. 我们下了课打篮球。

　　　b. 我们打篮球，下了课。

（11）a. 请他们等一下。

　　　b. 等一下，请他们。

以上例子中的 b 句的谓词都没有出现在原来的位置，而是出现在了句尾，我们认为这种语序的出现是由于谓词后置漂移造成的，上述四例分别代表四种类型的谓词漂移，第一种是谓宾动词的漂移，第二种是“V 得”漂移，第三种和第四种都不是单个谓词漂移，而是连动句和兼语句中谓词短语的漂移。我们将这四类谓词的易位现象都解释为谓词的漂移，并通过语音层移位来解释这类语序错位现象。

一、谓宾动词的漂移

（一）谓词性宾语句的前人研究

邢福义（2011：243）指出，非名词性词语有时也可以充当宾语。它们充当宾语时，一般要求动语是行止动词或心理活动动词，或者是表示言说、认知等意义的动词，例如：

（12）咱们现在开始演出。

（13）全场同学正在进行热烈的讨论。

（14）这个小伙子喜欢开汽车。

(15) 年轻时候的彭亚光特别想当一名演员。

(16) 他说小王不会来了。

(17) 组织上认为你近段时间进步很大。

邢先生把这类结构中的句末动词分析为宾语有一定的判断标准和合理性，是严格按照语法功能和语法分布判定的，但是这类宾语不符合传统语法对“宾语”所下的定义，即“宾语跟动语相对待，是动语后面表示人物或事件的成分，能回答‘谁’‘什么’之类的问题”。同时，这类宾语也不能归为任何一个宾语（受事宾语、施事宾语和中性宾语）的分类。邢先生的分析方法在传统语法体系内部是合理并且能解决部分问题的，但是我们认为，将这类结构单独归为“谓词性宾语句”将更加合适。

朱德熙（1982：122）指出，谓词性宾语指的是由谓词或谓词性词组充任的宾语，例如“希望去、喜欢骑马、觉得很好、主张先调查一下、打算今年考大学”。朱先生指出，谓词性宾语跟述语的关系不如体词性宾语跟述语的关系紧密，谓词性宾语和述语之中往往可以有停顿，特别是当宾语比较长的时候。

朱德熙（1999：70-71）将谓宾动词分为两类。第一类是真谓宾动词，即谓宾动词的宾语可以是单个的动词或形容词，也可以是主谓结构、述宾结构、述补结构、连谓结构或由副词充任修饰语的偏正结构等。例如：

(18) 同意参加。(宾语是动词)

(19) 同意参加这次会。(宾语是述宾结构)

(20) 同意大家都去。(宾语是主谓结构)

(21) 同意坐火车去。(宾语是连谓结构)

(22) 同意立刻参加。(宾语是由副词充任修饰语的偏正结构)

“觉得、希望、赞成、打算、以为、认为、感到、能、应该”等都是这样的动词，这一类谓宾动词叫真谓宾动词。

第二类谓宾动词是准谓宾动词，宾语不能是主谓、述宾、连谓等结构，只能是某些双音节动词（名动词）或偏正结构，而且这种偏正结构里的修饰语只能是体词或形容词，不能是副词。例如：

(23) 进行调查。(宾语是名动词)

(24) 进行农村调查。(宾语是偏正结构，修饰语是名词)

(25) 进行周密的调查。(宾语是偏正结构，修饰语是形容词)

（26） *进行查。（宾语是一般动词，不是名动词）

（27） *进行调查农村。（宾语是述宾结构）

（28） *进行立刻调查。（宾语是偏正结构，修饰语是副词）

除了“进行”以外，“有、作、加以、给以、受到、予以”等也是这样的动词，这一类动词叫准谓宾动词。

真谓宾动词和准谓宾动词分类的依据是动词后宾语的性质，真正涉及谓词漂移的类型是真谓宾动词，我们暂时不讨论准谓宾动词情况。

陆俭明（1980）也指出了谓宾动词不在原位的这种现象。例如：

（29）不回家了，我准备。（＝我准备不回家了。）

（30）再试验一次，我想。（＝我想再试验一次。）

（31）先回重庆，爸爸打算。（＝爸爸打算先回重庆。）

（32）今天比较冷，我觉得。（＝我觉得今天比较冷。）

（33）寒假去广州，我提议。（＝我提议寒假去广州。）

陆先生将这类现象归类为述宾易位现象，根据易位句型的不同来判断哪些动词可以进入不同的句型。我们暂时在不考虑句型限制的情况下对这类特殊的谓宾动词可以漂移的现象进行考察。

（二）谓宾动词后置漂移的类型和限制条件

1. 谓宾动词后置漂移的依据

上述陆俭明（1980）涉及的移位现象都属于谓宾动词后置漂移，那为什么不是宾语前置？证据如下：

第一，朱德熙（1999：250）举出下列例子：

（34）他出国了，听说。

（35）不会再地震了，估计。

朱先生认为这两例属于宾语前置。我们认为这种类型和宾语前置现象非常类似，但是还存在下列现象：

（36）a. 我估计八点到武汉。

b. 我八点到武汉，估计。

c.？八点到武汉，我估计。

（37）a. 他听说被开除了。

b. 他被开除了，听说。

c.？被开除了，他听说。

如果把这类现象归类于宾语前置，就很难解释为什么例（36）b句中主语可以留在句首位置，如果仅仅是宾语前置，主语和谓宾动词应该同时置于句尾，为什么可以允许主语和宾语同时前置？并且例（36）和例（37）中的c句要么产生歧义，要么句子的接受度不高。所以我们认为，把这类现象归类于谓词后置漂移，相对于归类于宾语前置方案来说可以更为合理地解释之前尚未涵盖的一些现象。

第二，何元建（2011：243）将“估计”归类为提升动词。之所以判定为提升动词，是因为这类动词属于全句的范畴，而非限定在VP辖域内部，属于全句范畴的成分都可以位于句首或者句尾，如：

（38）a. 好像他已经完成了任务。

b. 他已经完成了任务好像。

（39）a. 看来他回家了。

b. 他回家了看来。

（40）a. 似乎他又来了。

b. 他又来了似乎。

如上例所示，“好像他”“看来他”“似乎他”确实可以使其后主语提升至句首，变成“他好像”“他看来”“他似乎”，但是不仅仅主语可以提升至句首，整个后面的小句都能提升至句首，变成b句中的语序。前人将主语提升解释为是由“提升动词”导致的，并没有考虑整个句子前移的情况，我们认为两种移位属于同一性质，都属于语音形式移位，并且整个句子相对于一个词来说，其进行移位的限制条件更多，经济性更差。因此，上述情况可以解释为谓宾动词“好像”“看来”“似乎”的后置漂移。

第三，传统语法将谓宾动词后面的成分都分析为宾语，这个宾语可能是一个小句、动词短语等结构，跟简单句中的宾语类型不相符。生成语法将这类出现在宾语位置上的句子称为“小句”（何元建2011），谓宾动词也不是一个固定的类，其中一部分为情态动词（如：能），一部分归为提升动词（如：估计），说明谓宾动词这类情况内部特点不统一，不能简单用宾语前置来概括这类移位现象。

我们认为，谓宾动词移位现象都可以用谓词漂移来解释，英语中也存在这类现象，如：

（41）You can make it, I believe!

2. 谓宾动词漂移的类型

对于谓宾动词内部的分类，朱德熙（1999：142）指出，谓词性宾语可以分为两类。第一类是陈述性宾语，如“觉得、认为、希望、打算、开始、决定”等动词，以及所有助动词后面的宾语只能用“怎么样”指代，不能用“什么”指代，在意念上表示陈述，不表示指称；第二类是指称性宾语，如“提倡、承认、证明、害怕、发现”等动词的宾语只能用“什么”指代，不能用“怎么样”指代，在意念上表示指称。陈述性宾语如：

（42）a. 我觉得穿红色大衣比较好。

b. *我穿红色大衣比较好，觉得。

（43）a. 我认为申请哈佛大学没希望。

b. *我申请哈佛大学没希望，认为。

（44）a. 我希望找到好工作。

b. ？我找到好工作，希望。

（45）a. 我打算开一家火锅店。

b. 我开一家火锅店，打算。

（46）a. 局里开始检查工作了。

b. 局里检查工作了，开始。

（47）a. 我决定三个月学会法语。

b. 我三个月学会法语，决定。

同样后面都可以加陈述性宾语的动词，内部也有不同，如例（42）、例（43）中“觉得”和“认为”之所以不能单独后置漂移，主要原因是“觉得”和“认为”是一个标记，标记后面陈述的内容为自身观点，带有不确定与商量的语气，这个标记只有出现在阐述自己观点之前才能发挥作用。“打算”“决定”是阐述已经确定的事情，不需要表达特定语气，在句中不必提前标记，可以放在句尾作为补充性成分，“希望”是介于两种类型之间的动词，所以后置漂移之后的句子可接受度比较低。

对于指称性宾语“提倡、承认、证明、害怕、发现”的漂移情况如下所示：

（48）a. 我们提倡依法治国。

b. 我们依法治国，提倡。

（49）a. 李四承认拿了手表。

b. *李四拿了手表，承认。

c. ？拿了手表，李四承认。

（50）a. 证明你没做好鸡蛋汤。

b. 你证明没做好鸡蛋汤。

c. 没做好鸡蛋汤，证明你。

（51）a. 我害怕考试不通过。

b. 我考试不通过，害怕。

（52）a. 我发现不能吃辣椒。

b. 我不能吃辣椒，发现。

以上结构中例（49）b句不合法是由句子的深层结构决定的：

S＋V＋［PRO＋V＋O］

只有当句首主语与谓宾动词后小句主语的［PRO］同指，并且［PRO］不出现的时候，才能保证大部分谓宾动词能够单独漂移，如：

（53）a. 我发现数学没那么难。

b. *我数学没那么难，发现。

但是具体不同的谓宾动词在句中的作用又不同，如“承认”和“证明”在任何情况下都不能单独后置漂移，如：

（54）a. 国家承认公民有选举权。

b. 公民有选举权，国家承认。

c. *国家公民有选举权，承认。

（55）a. 公民承认有选举权。

b. 承认公民有选举权。

c. 有选举权，公民承认。

d. ？公民有选举权，承认。

（56）a. 法院证明我们没有破坏设备。

b. 我们没有破坏设备，法院证明。

c. *法院我们没有破坏设备，证明。

（57）a. 我们证明没有破坏设备。

b. 证明我们没有破坏设备。

c. 没有破坏设备，我们证明。

d. ？我们没有破坏设备，证明。

“承认”和“证明”这类词有特殊性，即一般只有第三方才能“承认”和“证明”某种情况的真伪，所以当句首主语和小句主语不同指时，如例（54）、例（56），谓宾动词可以随主语同时漂移至句尾；但是如果主语和小句［PRO］同指时，如例（55）、例（57），句子的基础形式实际上是例（55）b句和例（57）b句。

根据前人列举的谓宾动词，我们发现有些谓词不能单独后置漂移，但是有的类型可以漂移，我们按照能否后置漂移来分别讨论。

（1）能单独后置漂移的谓宾动词

这类动词有提升动词：好像、看来、似乎、估计，如：

（58）很懂嘛，惯犯啊看来。

（59）宜家这两天在打折呢好像。

还有心理动词：想、喜欢、害怕，如：

（60）我再试验一次想。

（61）我下雨天出去喜欢。

（62）我打针害怕。

还有计划类动词：打算、开始、准备、决定，如：

（63）我们再种点儿芝麻，打算。

（64）我自己去一趟，准备。

（65）我坐飞机，决定。

还有一些谓宾动词，如：

（66）他回来了，我听说。

（67）寒假去广州，我提议。

还有部分的能愿动词，邢福义（2011：275）曾列举出汉语中的能愿动词包括以下几个类别：表可能，如“能、可能、能够、会、可以、得”；表必要性，如“应、该、应该、应当、要、得”；表意愿，如“愿、愿意、要、敢、肯”。能愿动词在生成语法体系内部被分析为情态词短语（model phrase），不能提供题元角色。能愿动词的漂移情况如下：

（68）a. 我能吃十张饼。　　b. 我吃十张饼能。

（69）a. 我可能不去了。　　b. 我不去了可能。

（70）a. 我们能够完成这项任务。

b. *我们完成这项任务能够。

（71）a. 我会注意做事的方式方法。

b. *我注意做事的方式方法会。

（72）a. 我可以投进十个球。　　b. 我投进十个球可以。

（73）a. 中药得晒干了。　　b. 中药晒干了得。

（74）a. 我们应遵守法律法规。　　b. *我们遵守法律法规应。

（75）a. 张三该去道歉。　　　　　b. 张三去道歉该。

（76）a. 老师应该发 30 本书。　　b. 老师发 30 本书应该。

（77）a. 教师应当平等对待每一位学生。

b.？教师平等对待每一位学生应当。

（78）a. 我要学会开飞机。　　　　b. 我学会开飞机要。

（79）a. 我愿做大家的课代表。　　b. * 我做大家的课代表愿。

（80）a. 我愿意做大家的课代表。

b. * 我做大家的课代表愿意。

（81）a. 优秀教师要热爱学生。

b. 优秀教师热爱学生要。

（82）a. 企业家敢冒风险。　　　　b. * 企业家冒风险敢。

（83）a. 我敢跳下去。　　　　　　b. 我跳下去敢。

（84）a. 小丽肯出面协商。　　　　b. * 小丽出面协商肯。

例（68）至例（73）是表可能的能愿动词，例（74）至例（78）是表必要的能愿动词，例（79）至例（84）是表意愿的能愿动词。可以看出，表可能的“能”“可能”“可以”“得”，表必要的“该”“应该”“应当”“要”，以及表意愿的“要”“敢”都能后置漂移，所以漂移的限制明显不会根据表意的不同而不同，我们可以看出，不能后置漂移的能愿动词“能够”“会”“应”“愿”“愿意”“肯”中，除了“会”可以出现在口语语体中，其他的动词都是书面语体，比较正式，对于“敢”来说，在口语中表达移动确定的语气时可以后置漂移，但是在表达对客观事实的描述时不能后置漂移。

（2）不能单独后置漂移的谓宾动词

这类动词主要是表达观点类的动词，有“觉得、认为、希望、承认、证明、发现”等，这类动词的特点是当句首主语和小句［PRO］同指时不能单独后置漂移，因为“觉得、认为、希望”这类词是观点表述的标记，不能单独出现，“承认、证明 发现”这类词是需要第三方来执行的动作，和同指关系相矛盾，更多的情况是这些词语前的主语和小句主语不同指，句首主语有时可以不出现，但是能根据语义补出来，这种情况下可以和主语一起后置漂移，标记某人陈述自己的观点或者事实，如：

（85）他们不应该走，我觉得。

（86）这个学生有希望，我认为。

(87) 没有战争，我希望。

(88) 能早点回家，我希望。

(89) 公司倒闭了，我承认。

(90) 我骗了你，我承认。

(91) 李四没有抢劫，我证明。

(92) 图书馆的热水有问题，我发现。

3. 谓宾动词后置漂移的生成过程和限制条件

对于允许单独后置漂移的谓词来说，谓词漂移的生成过程如下：

(93) S-结构：我打算［PRO］明天再去。

PF：我 t_i 明天再去，打算$_i$。

（当且仅当句首主语和小句［PRO］同指）

主语和谓词并列漂移是常见移位，但是单个动词漂移到句尾需要一定的限制条件：

第一，只有主语与小句的［PRO］同指时，谓宾动词才能单独后置漂移，如：

(94) a. 我$_i$ 估计［PRO$_i$］下个月写完。

b. 我$_i$［PRO$_i$］下个月写完，估计。

第二，能愿动词只能后置漂移，不能前置漂移，如：

(95) a. 我想吃火锅。　　　b. *想我吃火锅

第三，谓词不能漂移至小句或 VP 内部，如：

(96) *我 t_i 去打算$_i$ 北京。

(97) *我 t_i 弟弟开了听说$_i$ 一家餐厅。

第四，能愿动词漂移不能超出句子范围漂移至 VP 的嫁接位置。试比较下例中谓宾动词与能愿动词：

(98) a. 我去北京找工作，打算。

b. 我去北京找工作想。

二者明显的差异是谓宾动词漂移之后，与句子主干可以有停顿，但是能愿动词漂移至句尾，不能与句子主干成分有停顿。这是因为能愿动词漂移至 VP 的嫁接位置，而谓宾动词漂移至句子最外层的嫁接位置。

(99) a. ［$_{CP}$［我去北京找工作］，打算。］

b. ［$_{CP}$ 我［$_{VP}$ 去北京找工作想］。］

第五，谓词后置漂移有长度限制，如：

（100）a. 我能吃完十二英寸加有鸡肉、蘑菇、牛肉和芝士的豪华大比萨。

b. ？我吃完十二英寸加有鸡肉、蘑菇、牛肉和芝士的豪华大比萨能。

（101）a. 中药得晒干了。　　b. 中药晒干了得。

c. 中药得晒干了再炮制。　　d. * 中药晒干了再炮制得。

谓词漂移发生在简短的话语中，宾语部分不是复杂的小句，而是焦点信息明确的短语。

第六，谓词后置漂移有语体限制，如：

（102）a. 我们能团结一致抗击雾霾。

b. ？我们团结一致抗击雾霾能。

（103）a. 中国足球可以走出亚洲。

b. * 中国足球走出亚洲可以。

上述两例都属于书面语体，这类语体突出的特点就是规范，语序合法，虽然能愿动词也能后置漂移，不至于句子无法理解，但是可接受度较低。

第七，谓词后只有一个动词性成分时，允许谓宾动词单独漂移，如：

（104）a. 我们打算离开。　　b. 我们离开打算。

但是能愿动词不能单独漂移，如：

（105）a. 我想走。　　b. * 我走想。

（106）a. 他该死。　　b. * 他死该。

二、"V 得"成分的漂移

（一）"V 得"易位的前人分析

对于"V 得"易位现象，陆俭明（1980）指出述补结构的述语和补语之间也能发生易位现象，如：

（107）我道儿都走不动了，累得。（＝我累得道儿都走不动了。）

（108）他都不知道自己姓什么了，美得。（＝他都美得不知道自己姓什么了。）

(109）老太太一天没吃饭，给气得。（＝老太太给气得一天没吃饭。）

陆俭明（1980）指出有时述语成分跟前面的主语成分一起后移，如：

(110）肚子都疼了，大伙儿乐得。（＝大伙儿乐得肚子都疼了。）

(111）鞋都掉了，他跑得。（＝他跑得鞋都掉了。）

朱德熙（1999：250）指出下列这类现象属于补语前置，如：

(112）气都喘不过来了，跑得。

(113）吓死人了，说得！

对于“得”的成分分析，黄正德等（2013：85）指出“他气得我不想写信了”中的“我”是“气”的宾语，结构为：

(114）他气得我［$_S$ PRO 不想写信］

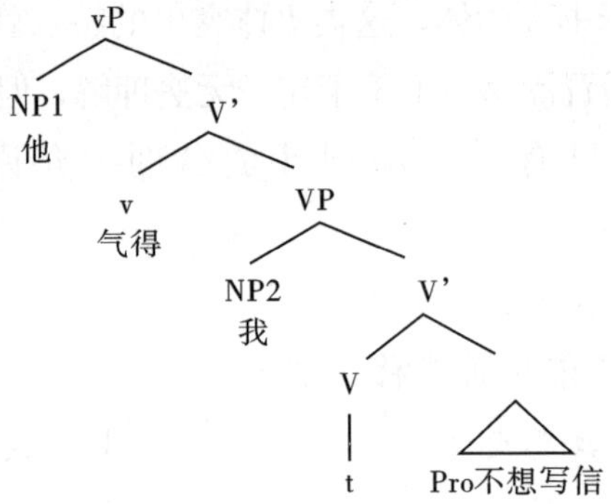

何元建（2011：366）假设汉语中“得”字句的结构如下：

(115）张三走得很累。

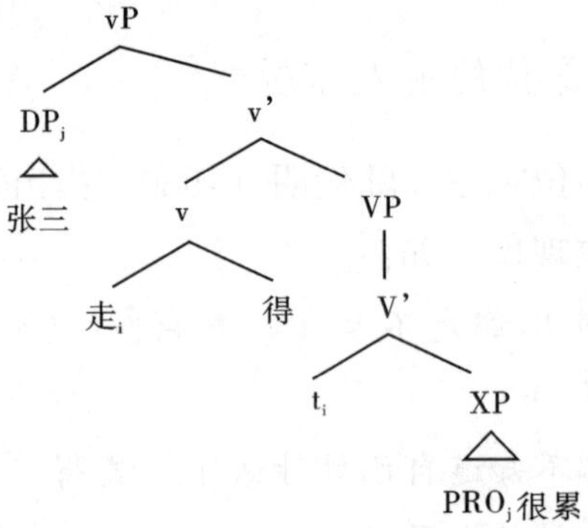

何元建认为，“得”是词缀，不能单独存在，所以谓语动词移位与之结合成一体。但是黄正德等（2013：78）认为，宾语是动词所描述事件的固有参与者，而修饰语提供的是其他次要信息，如时间、处所和事件实施方式等。所以汉语中的“得”后成分在结构上是句子补足语（黄正德 1988），同时黄正德等（2013：89）又指出，汉语中修饰与被修饰的语序一般是 V_1 修饰 V_2，不存在 V_2 修饰 V_1 的情况，如：

（116）飞快　静坐　生吃　重视　怒吼

汉语构词上的这一事实造成一个矛盾：一方面，表方式的“得”必须后缀于动词；另一方面，因为“得”要引介一个方式短语，它跟动词之间的唯一关系是修饰关系，这一关系又阻止它出现在动词语素的后面。黄正德认为解决这一矛盾的唯一办法就是将“得”与动词看作结构上独立的成分，但音系上却构成一个单位，即动词与“得”虽然形成的不是词汇构词意义上的单位，但是可以基于纯粹的线性邻接组成一个音系词。他的解决方案可以解释部分现象，但是无法解释为什么“得”字引导的动词修饰语必须位于动词后。我们赞成何元建（2011）对于“得”词缀性质的判定。

（二）“V 得”后置漂移的类型和限制条件

可见，前人对于这类易位现象观点不统一，陆俭明认为是“V 得”跟前面的主语成分一起后移，朱德熙认为是补语前移。从不同的角度来看，他们的观点分别有自身的证据和解释力，但是我们认为，这类现象实际上属于谓词后置漂移，原因如下：

第一，不同于必选型的句法移位和表面语序不受影响的逻辑形式移位，漂移的基本理念就是这种移位可以复位，并且移位并不产生新的句法结构和语义内容，移位之后唯一的变化体现在语用方面，这类“V 得”现象符合漂移的定义，应判定为谓词漂移现象。

第二，漂移现象的一大特点是移位的方向不定，既可以前移，也可以后移，但是漂移仍属于移位的一种，遵循部分移位规则，如果一个成分相对较复杂，另一个成分相对简单，一定是轻的、简单的成分移位，这符合移位规则中的省力原则。因此我们认定是谓词后移，而非以小句结构出现的结构补语前移，小句表义内容比较多，相对较“重”，移位操作不够经济。

第三，从表义上来看，“V 得”成分后移和前面提到的主语后置漂移，以及后面即将提到的定语、状语后置漂移情况类似，都属于后置漂移，对于全句起补充说明的作用。

“V得”这类谓词的易位现象是一个确定的事实，一般来讲，“V得”+结果补语，“V得”可以后置漂移，“他跑得鞋都掉了”这类例句中结果补语内容是新信息，属于焦点敏感成分，可以作为全句的表述重点，是通过对事实描述来表达程度之深，可以单独成句。但是并非所有的述补结构中的述语都能漂移，如不使用“得”的述补结构：

(117) a. 我吃饱了。　　b. *我饱了吃。

陆俭明（1980）指出，能发生易位的只限于带“得”的述补结构。带结果补语或趋向补语的述补结构都不带“得”，所以不发生易位现象，如：

(118) a. 我做完了。　　b. *我完了，做。

(119) a. 你得洗干净。　　b. *你得干净，洗。

(120) a. 你快走进去。　　b. *你快进去，走。

(121) a. 他走过来了。　　b. *他过来了，走。

我们认为，即使是“V得”类述补结构，也不是所有的述语都能漂移，如：

(122) a. 这件事应该办得好。　　b. *这件事应该好办得。

(123) a. 衣服洗得干净。　　b. *衣服干净洗得。

“V得”后为“好”和“干净”时，“V得”后置之后句子接受度比较低，但如果是“真干净，洗得”，句子可接受度高一些。

陆俭明（1980）也指出，“～得很”“～得不得了”这类带程度补语的述补结构，虽也带“得”，但已成为一个凝固格式，所以也不能发生易位现象，例如：

(124) a. 今天热得很。　　b. *今天很，热得。

(125) a. 他气得不得了。　　b. *他不得了，气得。

通过对前人研究成果和语言事实的分析，我们得出，对于“V得”漂移的限制条件有：

第一，表可能的“V得”不能漂移，表结果的“V得”可以漂移，如：

(126) a. 米饭吃得完。　　b. *米饭完吃得。

(127) a. 米饭吃得一粒不剩。　　b. 米饭一粒不剩吃得。

“得”的作用分为两种：一种是表示可能，如例（126）；另一种是表示结果，如例（127）。两者的差别也体现在语音上，表可能的重音落在“V得”上，而表结果的重音落在补语上，表可能的“V得”不能漂移，表结果的“V得”可以漂移。

第二，补语为单音节词语，“V得”不能漂移，如：

（128）a. 汉语说得好。　　　　b. *汉语好说得。

第三，“V得”只能后置漂移，不能前置漂移，如：

（129）a. 桌面擦得能照见人。　　b. 擦得桌面能照见人。

（130）a. 衣服洗得发白。　　　　b. 洗得衣服发白。

（131）a. 窗户刮得直响。　　　　b. 刮得窗户直响。

（132）a. 马赶得直跑。　　　　　b. 赶得马直跑。

以上这些例句看似“V得”可以前置漂移到句首，但是这些动词的动作发出者不是句首的“桌面”“衣服”“窗户”“马”，而是在动词前有一个［pro］，所以句子的基础形式为：

（133）S-结构：［pro］洗得衣服发白。

所以，“V得”处在句子中心位置，不能前置漂移，类似的例子还有：

（134）a. 这个孩子长得越来越像他妈妈。

b. *长得这个孩子越来越像他妈妈。

（135）a. 雨下得大家烦死了。

b. *下得雨大家烦死了。

（136）a. 小李骗得我们团团转。

b. *骗得小李我们团团转。

（137）a. 电视吵得小孩睡不着。

b. *吵得电视小孩睡不着。

第四，如果补语是一个小句，补语小句的主语与句首主语有领属关系，则“V得”可以漂移至补语小句内部主语后的位置，如：

（138）a. 我走得［脚一瘸一拐的］。

b. 我脚走得一瘸一拐的。

（139）a. 孩子们吃得［舌头都紫了］。

b. 孩子们舌头吃得都紫了。

（140）a. 菜做得［味道很好］。

b. 菜味道做得很好。

（141）a. 毛笔写得［尖儿都秃了］。

b. 写得毛笔尖儿都秃了。

方框中是补语成分，“V得”能漂移的主要原因是主句主语和补语小句主语是整体与部分关系或者从属关系，如果二者不同指，则“V得”不能漂移至补语小句内部主语后位置，如：

(142) a. 张三打得李四跪地求饶。

b. *张三李四跪地求饶打得。

所以，我们得出，“V得”漂移的生成过程为：

第一类：

S-结构：[pro] 洗得衣服发白。

PF：衣服发白，[pro] 洗得。

（当且仅当“V得”表示结果，补语不为单音节成分）

第二类：

S-结构：[pro] 洗得衣服发白。

PF：[pro] 衣服洗得发白。

（当且仅当 [pro] 和“衣服”存在领属关系）

三、连动句中谓词短语的漂移

（一）连动句中谓词短语易位的前人研究

邢福义（2011：227）指出连动结构一般由两个或几个部分组成，述说同一对象，如：动+动，“坐下休息”“坐车去汉口买书”；动+形，“听了很高兴”“吃了不舒服”。

朱德熙（1999：182）提出，连谓结构是谓词或谓词结构连用的格式。例如：“去看病”“想办法通知他”“怪你自己粗心”“嫌这件衣服花哨”等。朱先生认为连谓结构的前一个直接成分可以是单个的动词，也可以是动词结构，后一个直接成分可以是动词或动词结构，也可以是形容词。我们认为，连谓结构的两部分分别可以是动词或者动词结构，但是“怪你自己粗心”“嫌这件衣服花哨”的第二部分为形容词，不属于连谓结构。

关于连动句的定性，何元建提出了不同的观点，何元建（2011：200-201）认为下列这些结构不属于连动句，而是属于动词短语做修饰语，因为动词短语做修饰语还可以出现在动词之后。

(143) 他 [坐火车] 来。

(144) 他［拿刀］杀鸡。

(145) 他［吃了饭］洗澡。

(146) 他打电话［叫医生］。

(147) 他上街［买菜］。

(148) 他去广州［打工］。

何元建（2011：204）指出，这类句子一般叫连动式或者连谓式（serial verb constructions）。他认为，这种所谓的连动句实际上就是从属结构（subordination）。连动式中的两个动词其中一个是句子的谓语动词，而另一个则是谓语动词的修饰语。一般表示方式的动词会出现在谓语动词之前，而表达目的的动词会出现在谓语动词之后。不管是在前还是在后，做修饰语的动词短语跟谓语动词之间是从属的结构关系；如果用二阶短语结构的方式表示出来，即谓语动词是中心词，则做修饰语的动词短语就是附加语。

我们赞成何元建对于连动结构的分析，认为前一个谓词结构实际上是附加语，主要有以下几个原因：首先，生成语法认为句子都是二分结构，没有平头结构，如果将前后两个谓词短语分析为平等并列关系，则不符合一个句子只有一个中心的原则；其次，何元建论证了连动结构和并列结构有显著差异，不应把二者混淆；最后，少数民族语言事实可以让我们更清晰地认识连动结构。戴庆厦（2012：122）指出，通过藏缅语与汉语连动结构的比较，可以得出：汉语带宾语的连动结构，连用动词被宾语隔开，而藏缅语大多数则紧密相连，不易插入别的成分，凝聚力强。不管是两个动词带有同一个宾语，还是其中一个动词带宾语，都不影响动词的连用。例如：

景颇语：

(149) an^{55} the^{33} n^{33} kjin^{33} sep^{31} ʃa^{55} kaʔ^{31} ai^{33}.

我们　黄瓜　削　吃（句尾）

我们削黄瓜吃。

傈僳语：

(150) *a*^{55} ɤ*a*^{55} ma^{44} dz*a*^{33} tho^{35} dz*a*^{31}.

母鸡　食　啄　吃。

母鸡啄食吃。

可以看出，“ʃa^{55}”和“tho^{35}”是作为“kaʔ^{31}”“dz*a*^{31}”的方式说明出现在前面，二者的顺序不能颠倒，这也帮助论证了连动句中前一部分的谓词结构属于附加语性质。

关于连谓结构存在易位现象，朱德熙（1999：250）指出，连谓结构存在易位现象，如：

（151）快结婚了跟他。

（152）上北海去了，带着孩子。

（153）快回去吧，叫他。

朱先生认为这三例是连谓结构前后两个直接成分的顺序颠倒。史有为（1995）也提到汉语中连动句的谓词短语可以易位，如：

（154）她去公园，带了孩子。

（155）这衣服过年再穿吧，留着。

（156）你找我一下，散了会。

（157）这把锄头很起劲，用起来。

陆俭明（1980）更加详细地对复谓结构的易位现象进行了分析，他将连谓结构（又称“连动结构”）和递系结构（又称“兼语式”）统称为复谓结构。他指出，不是所有的复谓结构都能发生易位现象。连谓结构中能发生易位现象的，只有下面四小类。

第一类，前后两个都是动词性成分（V_1V_2），前者是说明后者行为动作的方式或情态的。易位格式是：$V_1V_2 \rightarrow V_2$，V_1。例如：

（158）她带了孩子去公园了。（＝她去公园了，带了孩子。）

（159）李明骑着车进城了。（＝李明进城了，骑着车。）

（160）昨天我跟着李老师去天文馆了。（＝昨天我去天文馆了，跟着李老师。）

陆俭明指出，如果 V_2 是个单词，便不能发生易位现象。例如：

（161）a. 他骑着车去。　　　　b. *他去，骑着车。

（162）a. 他带了救生圈游。　　b. *他游，带了救生圈。

例（162）如果是“他带着救生圈游了三公里”，便能发生易位现象，可以表述为：

（163）他游了三公里，带着救生圈。

陆俭明（1980）确实发现了一些易位的限制条件，V_2 为单音节动词时 V_1 不能后移，这表明易位和音节、韵律有关。此外，通过例（162）和例（163）的对比，我们发现能否易位还和信息焦点有关。

第二类，前后两个都是动词性成分（V_1V_2），后者是说明前者行为动作的目的的。易位格式也是：$V_1V_2 \to V_2$，V_1。例如：

（164）a. 这衣服留着过年再穿吧。

b. 这衣服过年再穿吧，留着。

（165）a. 他拿了书包准备去图书馆。

b. 他准备去图书馆，拿了书包。

第三类，前后两个都是动词性成分（V_1V_2），表示先后进行两件事情。易位格式是：$V_1V_2 \to V_2$，V_1。例如：

（166）a. 我们下了课打篮球。

b. 我们打篮球，下了课。

（167）a. 你散了会找我一下。

b. 你找我一下，散了会。

如果 V_2 是单音节词，也不能发生易位现象。

第四类，前一个是动词性成分 V_1（一般是“V 起来”或“V 着”），后一个是形容词性成分 A，V_1 和 A 之间包含有假设关系。易位格式是：$V_1A \to A$，V_1。例如：

（168）a. 这把锄头用起来很得劲。

b. 这把锄头很得劲，用起来。

（169）a. 那野菊花闻着挺香的。

b. 那野菊花挺香的，闻着。

同样，如果 A 为单词，也不能发生易位现象。

陆俭明（1980）对于连谓结构的易位规律总结非常重要，不论哪一类现象，如果第二个动词是单音节的，前一个动词短语是不能易位的。但是，陆先生区分的这三类易位格式共性大于差异，基本情况完全相同，其实是按照连动句的语义类型分的类，就易位结构来说，都是 V_2 漂移至 V_1 前面。

（二）连动句漂移的类型和限制条件

对于谓词漂移理论内部，连动句和兼语句是比较特殊的一类，与前两者不同的是，漂移的成分不是单个谓词，而是整个 VP 短语，VP 短语在句子中充当附加语成分，我们归入谓词漂移理论体系内解释。

根据连动句谓词短语的结构，我们大致可以分为这几种类型：S+VP_1+VP_2（如：我打电话叫医生）、S+V_1+V_2（如：咱们走着瞧）、S+V+VP（如：咱们吃着回家）、S+PP+VP（如：我们在草地上躺着）。

1. $S+VP_1+VP_2$

其中 VP_1、VP_2 都可以前置漂移到句首，如：

(170) a. 她拿了雨伞走了。 b. 她走了，拿了雨伞。
c. 拿了雨伞，她走了。 d. 走了，她拿了雨伞。

(171) a. 他打电话叫医生。 b. 他叫医生，打电话。
c. 打电话，他叫医生。 d. 叫医生，他打电话。

(172) a. 他上街买菜。 b. 他买菜，上街。
c. 上街，他买菜。 d. 买菜，他上街。

(173) a. 我吃完饭喝橙汁。 b. 我喝橙汁，吃完饭。
c. 吃完饭，我喝橙汁。 d. 喝橙汁，我吃完饭。

(174) a. 他去广州打工。 b. 他打工，去广州。
c. 去广州，他打工。 d. 打工，他去广州。

(175) a. 他拿了衣服准备去医院。
b. 他准备去医院，拿了衣服。
c. 拿了衣服，他准备去医院。
d. 准备去医院，他拿了衣服。

(176) a. 我们下了课打篮球。 b. 我们打篮球，下了课。
c. 下了课，我们打篮球。 d. 打篮球，我们下了课。

(177) a. 你散了会找我一下。 b. 你找我一下，散了会。
c. 散了会，你找我一下。 d. 找我一下，你散了会。

(178) a. 你下了班去姑姑家。 b. 你去姑姑家，下了班。
c. 下了班，你去姑姑家。 d. 去姑姑家，你下了班。

以上几例中 VP_1 和 VP_2 是相承关系，二者在时间上是先后顺序，VP_1 完结了之后的时间点，正是 VP_2 开始的时间。VP_1 充当的作用和时间附加语类似，和时间词一样，VP_1 句法位置也非常灵活，既可以前置漂移到句首，也可以后置漂移到句尾。

此外，VP_1 和 VP_2 还可以是方式行为的关系，如：

(179) a. 她借钱买房。 b. 她买房，借钱。
c. 借钱，她买房。 d. 买房，她借钱。

(180) a. 他拿刀杀鸡。 b. 他杀鸡，拿刀。
c. 拿刀，他杀鸡。 d. 杀鸡，他拿刀。

（181） a. 我们有信心治理雾霾。

b. 我们有信心，治理雾霾。

c. 治理雾霾，我们有信心。

d. 有信心，我们治理雾霾。

VP_1 和 VP_2 还可以是方式和目的的关系，VP_1 提供方式信息，VP_2 表明要实现的目标和执行的动作。

除了上述两种关系，VP_1 和 VP_2 还可以是伴随关系，如：

（182） a. 她带了孩子去公园了。

b. 她去公园了，带了孩子。

c. 带了孩子，她去公园了。

d. 去公园了，她带了孩子。

（183） a. 李明骑着车进城了。

b. 李明进城了，骑着车。

c. 骑着车，李明进城了。

d. 进城了，李明骑着车。

上述两例中 VP_1 和 VP_2 的行为是伴随的，两者同时进行。

不仅动作有相承关系和方式行为关系的连谓类型可以漂移，正反连谓句也可以漂移，如：

（184） a. 他闭着嘴不说话。

b. 他不说话闭着嘴。

c. 闭着嘴，他不说话。

（185） a. 她闭着眼不看。

b. 她不看闭着眼。

c. 闭着眼，她不看。

（186） a. 她开了门不关。

b. 她不关开了门。

c. 开了门，她不关。

（187） a. 她握着笔不放。

b. 她不放握着笔。

c. 握着笔，她不放。

（188） a. 她谢绝了贺礼不接受。

b. 她不接受，谢绝了贺礼。

c. 谢绝了贺礼，她不接受。

（189）a. 她放着衣服不洗。

b. 她不洗放着衣服。

c. 放着衣服，她不洗。

（190）a. 他隐瞒问题不交代。

b. 他不交代，隐瞒问题。

c. 隐瞒问题，他不交代。

（191）a. 她放着福不享。

b. 她不享，放着福。

c. 放着福，她不享。

由上面的例子可以看出，连谓结构中的 VP_1 可以漂移至句首，也可以漂移至句尾。漂移之后的结构仍是连谓，但是信息主次程度发生了变化，漂移至句尾的成分变成了附加信息的补充。之所以 VP_1 能够前后漂移，是因为 VP_1 在句中不是核心成分，不占据句子主干位置，属于附加语，提供次要信息，这种类型在传统语法中也归类为连谓，我们认为 VP_1 仍然属于附加语，充当修饰成分。

所以，对于 $S+VP_1+VP_2$，我们可以得出以下规则：

①VP_1 既可以前置漂移，形成 VP_1，$S+VP_2$，也可以后置漂移，形成 $S+VP_2$，VP_1。

②VP_2 可以前置漂移，形成 VP_2，$S+VP_1$。

③VP_1 内部成分 V 和 N 不能单独漂移，只能作为一个整体漂移。

④VP_1 不能漂移至 VP_2 结构内部，VP_2 也不能漂移至 VP_1 结构内部，如：

（192）a. 你下了班去姑姑家。

b. *你去下了班姑姑家。

c. *你下了去姑姑家班。

2. $S+V_1/VP+V_2$

$S+V_1+V_2$ 这种类型中 V_1 可以加有时态的标记词“着、了、过”等，如：

（193）a. 咱们走着瞧。　　b. *咱们瞧，走着。

或者 $S+V_1+V_2$ 结构中 V_1 可以重叠，如：

（194）a. 他来看。　　b. *他看来。

（195）a. 他来看看。　　b. 他看看来。

“看”重叠之后，V_1＋“来”可以后置漂移，但是“看看”前面的 V_1 仅限于“来”和“去”这两类动词。“来”和“去”在句尾都有不同程度的语法化，由此可以得出，S＋V_1＋V_2 结构中，当 V_2 是单音节动词时，VP 不能漂移。

对于 S＋VP＋V 结构，当 V 是单音节动词时，VP 也不能漂移，如：

(196) a. 我带着救生圈游泳。　　a'. 我游泳带着救生圈。

b. 我带着救生圈游。　　b'. *我游带着救生圈。

(197) a. 我去超市买苹果。　　a'. 我买苹果去超市。

b. 我去超市买。　　b'. *我买去超市。

对比发现，例（196）b 句中“带着救生圈”不能后置漂移的根本原因是“游”是单音节词，例（197）b 句中“去超市”不能后置的原因也是因为“买”后名词性成分没有出现，所以，能否漂移和动词的单音节双音节有关系。

所以，我们得出如下规则：对于 S＋V_1/VP＋V_2 结构，V_2 为单音节动词，V_1 不能漂移。

3. S＋V＋VP

S＋V＋VP 这种类型中，有一部分的深层结构为 S＋V［pro］＋VP，如：

(198) a. 我吃着冰棒回家。　　b. 我回家吃着冰棒。

但是，当［pro］不出现时，句子不合法，如：

(199) a. 我吃着回家。　　b. *我回家吃着。

(200) a. 我带回家。　　b. *我回家带。

但是，有的 V 后成分补不出来，深层结构为 S＋V［PRO］＋VP，如：

(201) a. 她出去好受了点。　　b. *她出去餐厅好受了点。

这类结构中的 V 既可以前置漂移，也可以后置漂移，如：

(202) a. 她出去好受了点。　　b. 她好受了点出去。

c. 出去她好受了点。

(203) a. 他进来站到火炉边。　　b. 他站到火炉边进来。

c. 进来他站到火炉边。

(204) a. 他进去摔东西。　　b. 他摔东西进去。

c. 进去他摔东西。

(205) a. 她上去收拾行李。　　　b. 她收拾行李上去。

c. 上去她收拾行李。

(206) a. 我回来借给他书。　　　b. 回来我借给他书。

c. 我借给他书回来。

其实上面所有的 V 都有一个共同点，就是都可以表示时间、地点等信息，在这些词“出去”“进来”“进去”“上去”“回来”后面都可以加上“之后”表示时间，加上地点名词表示位置信息。时间和地点信息一般在句中的位置较为灵活，可以出现在句首，也可以出现在句尾。S+V+VP 这种结构的漂移限制条件实际上和 $S+VP_1+VP_2$ 结构相同。

不论是 $S+V_1+V_2$ 还是 S+V+VP，看起来 V_1 为动词“去”时，“去”可以后置漂移到句尾，如：

(207) a. 去玩儿。　　　b. 玩儿去。

(208) a. 我去吃火锅。　　　b. 我吃火锅去。

(209) a. 我去看望老师。　　　b. 我看望老师去。

(210) a. 她去买一斤鸭蛋。　　　b. 她买一斤鸭蛋去。

看似漂移前后语义区别不大，但是通过比较 a 句和 b 句发现，前后语义已经有所差别，前者偏重于事件的叙述，后置后带有祈使的语气。二者的深层结构不同：

例（209）a 句的深层结构：我去［pro］看望老师。

漂移前的结构中，V+“去”后存在隐形的［pro］，可以补出来为：

(211) a. 我去［医院］看望老师。

b. 她去［图书馆］看书。

这类结构的漂移之后形成 b 句，但是同样是“去”后置漂移，产生两种不同的结构，如：

(212) a. 我看望老师去。

b. 我看望老师去［医院］。

我们认为，在 a 句中的“去”已经部分语法化，带有句末语气词功能，表示动作的趋向和部分祈使语气，b 句中的“去”仍然是动词用法，朱德熙（1999：188）也指出，“来”“去”可以移至句尾去充任连谓结构的后一个直接成分，后置的表示目的的“来”“去”都读轻声，这是一种虚化了的动词，因此前面还可以有“来”“去”出现。例如：

(213) 我去买菜去。

(214) 我来看看来了。

(215) 你去打电话去。

(216) 他来帮我修电视来了。

所以，我们认为a句和b句为不同的结构，a句中“去”是虚化了的动词，b句中仍然是实在的动词，对于连谓结构的漂移来说，b句属于S+V+VP结构中V后置漂移后形成的句子。

4. S+PP+VP

朱德熙（1999：182）认为“介词+宾语+谓词性成分”结构也属于连谓结构的一种，如：

(217) a. 我们在草地上躺着。

b. 我们躺着，在草地上。

(218) a. 我跟你说个事。

b. 我说个事，跟你。

(219) a. 家长到学校建议减轻学生负担。

b. 家长建议减轻学生负担，到学校。

(220) a. 昨天我跟着李老师去天文馆了。

b. 昨天我去天文馆了，跟着李老师。

我们赞同朱德熙的这种定性，将这类现象也放在谓词短语漂移大类里进行讨论，同样，介词短语在句中位于附加语位置，我们发现，介词短语可以漂移至句尾，同样也可以漂移至句首，如：

(221) 在草地上，我们躺着。

(222) 跟你，我说个事。

(223) 到学校，家长建议减轻学生负担。

(224) 跟着李老师，昨天我去天文馆了。

作为修饰成分的介词短语在句中的位置是相对比较灵活的，只要不将其拆分，不将介词短语移至主句动词后破坏动宾的整体性即可，所以我们得出如下规则：对于S+PP+VP结构，PP作为整体可以自由漂移至句首，形成PP，S+VP；或者漂移至句尾，形成S+VP，PP。但是PP内部成分不能单独移出，PP不能移至VP中间，即*S+V+PP+P。这也是所有连谓结构漂移的限制条件。

此外，陆俭明（1980）在分析连谓结构时举了两个特殊的例子：

(225) a. 那野菊花闻着挺香的。

b. 那野菊花挺香的，闻着。

(226) a. 这衣服留着过年再穿吧。

b. 这衣服过年再穿吧，留着。

此外，还有：

(227) a. 等着出版社出新书吧。

b. 出版社出新书吧，等着。

我们认为这类结构不属于连谓结构。实际上深层结构为：

(228) [pro] 闻着那野菊花$_i$ [PRO$_i$] 挺香的。

(229) [pro] 留着这衣服$_i$ 过年再穿 [PRO$_i$] 吧。

(230) [pro] 等着出版社$_i$ [PRO$_i$] 出新书吧。

我们认为，这类结构实际上属于兼语句。

四、兼语句中谓词短语的漂移

(一) 兼语句中谓词短语漂移的前人研究

陆俭明（1980）指出，递系结构（兼语句）也可以发生易位现象。他将递系结构记为“VNV’”（V’表示递系结构中后一个动词性成分），递系结构易位有两种情况：

无主句：VNV’→V’，VN。例如：

(231) a. 请他们等一下。　　　b. 等一下，请他们。

(232) a. 叫他快回去。　　　b. 快回去，叫他。

主谓句：Ns-VNV’→V’，Ns-VN（Ns 表示句子主语）。例如：

(233) a. 你请他们都回去吧。　　　b. 都回去吧，你请他们。

(234) a. 他要你今天就送去。　　　b. 今天就送去，他要你。

我们认为这两类现象实际上可以合并为同一类，两类的唯一区别是无主句中主语没有出现，但实际上是可以补出来的，两类的易位规律和限制也是相同的。

史有为（1985）讨论了口语句子模式：“倒装”“易位”“重复”“追补”，对兼语句的易位现象有以下分类：

兼语式易位：

(235) 等一下，请他们。

(236) 都回去吧，你请他们。

兼语套连谓易位：

(237) 放了学马上回家，(妈) 叫你。

(238)（妈）叫你去姑姑家，下了班。

(239) 去姑姑家，（妈）叫你下了班。

(240) 学校派老师去北京学习。

(241) 我们都羡慕小丽得了一等奖。

连谓套兼语易位：

(242) 通知各室主任来这儿，你下午上了班。

对于兼语句的句法结构，何元建（2011：255）指出，Chomsky（1995）在最简理论中提出的解决途径就是设法多增加动词短语的数量，比如在 VP 的上面加一个所谓的轻动词短语，符号上记为 vP，跟一般的动词短语 VP 有所区别。如“张三请他去开会”结构如下：

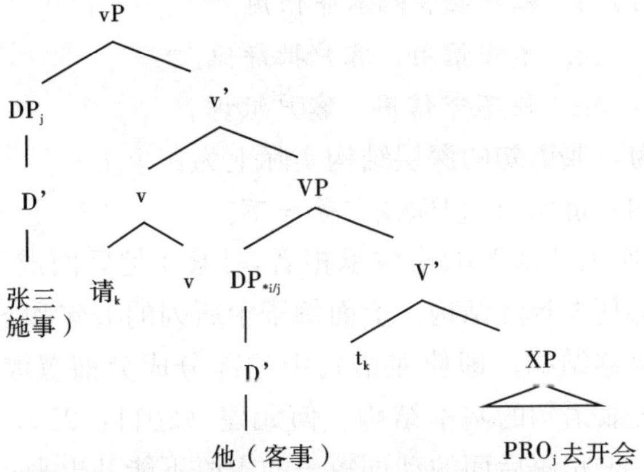

我们赞同这种关于兼语句的句法结构假设，但是假设一种句法结构是不能解释所有类型的，如下面几种：

(243) a. 张三请他去开会。 b. 去开会张三请他。

c. *他去开会张三请。

c 句为什么不合法，在句法理论中可能会找到合理的解释，因为“请”要释放格位，但是后面却没有名词性成分来接受格位，但是为什么 b 句可以成立，这个问题在句法上很难找到合理的解释，我们将借助于漂移理论对这些现象进行分析解释。

（二）兼语句中谓词短语漂移的类型和限制条件

我们将兼语句按照句型的不同分为两种类型来分别讨论，即简单兼语句、兼语套连谓句和连谓套兼语句。

1. 简单兼语句的漂移

(244) a. 请他们等一下。

b. 等一下，请他们。

c. *他们等一下请。

(245) a. 你请他们都回去吧。

b. 都回去吧，你请他们。

c. *他们都回去吧，你请。

(246) a. 公司有一位领导得了癌症。

b. 得了癌症，公司有一位领导。

c. *一位领导得了癌症，公司有。

(247) a. 客户批评他不守信用。

b. 不守信用，客户批评他。

c. *他不守信用，客户批评。

我们认为，兼语句的深层结构实际上为：

(248) 请他们$_i$［PRO_i］等一下。

“他们”作为“请”的格位承担者，PRO是后面成分的主格成分。这是兼语句的基本句法结构，上面例子中所列的b句和c句变换格式属于兼语句的漂移结构，即使兼语句中的部分成分前置漂移或者后置漂移，都不影响兼语句的基本结构。何元建（2011：254）指出，兼语句有几个特点：①宾语后面的动词短语的主语不能补出来；②宾语后面的动词短语可以不出现；③主语不可以跟宾语共指。

通过分析上述例句，我们可以得出兼语句的漂移一般允许“［PRO_i］等一下”整体前移，如果将“他们$_i$［PRO_i］等一下”作为整体前移将会生成不合法的句子，所以兼语句的漂移规则为。

第一，宾语后的VP只能前置漂移，不能后置漂移。

第二，宾语不能伴随其后VP一同前置漂移。但是也有例外现象，如：

(249) a. 我们都羡慕小丽得了一等奖。

b. 小丽得了一等奖，我们都羡慕。

c. 得了一等奖，我们都羡慕小丽。

b句中宾语“小丽”和后面的VP一同前置漂移到句首，并且产出了合法的句子，这种句子的特殊性在于“羡慕”这个动词比较特殊，不同于其他的兼语动词，“羡慕”的宾语是整个事件“小丽得了一等奖”，而不是“小丽”这个人，所以这类动词引导的兼语结构可以违反这条规则。

第三，宾语后的VP不能漂移至宾语之前，如：

(250) a. 我请他们喝酒。　b. *我请喝酒他们。

“请他们”是一个动宾结构，中间不能插入其他成分，后面的VP移至宾语之前会造成句子不合法。

第四，关于使役动词、爱恨动词造成的兼语句有如下特点：

其一，兼类名词/代词一定要出现，如：

(251) a. 我恨他不争气。　b. *我恨不争气。

(252) a. 我使他伤心。　b. *我使伤心。

其二，兼类代词不能移出，如：

(253) a. 我恨他不争气。　b. *他，我恨不争气。

但是也有例外情况，如：

(254) a. 他爸爸不让［］吃巧克力。

b. 这个孩子，他爸爸不让［］吃巧克力。（徐烈炯、刘丹青 1998：128）

徐烈炯、刘丹青指出，这种情况可视为北京话或某些方言的特殊习惯用法，其他有些方言如上海话就不能在这种“让”后出现空位。所以这种情况不是普遍现象，是可以解释的。

其三，兼类代词前不能停顿，如：

(255) a. *我恨，他不争气。　b. 我恨他，不争气。

我们认为，代词前不能停顿的主要原因是停顿阻挡了格位和题元分派。

2. 兼语套连谓句的漂移

实际上兼语套连谓句的基本结构和简单兼语句相同，如：

(256) 班长让你擦了黑板拖地。

基本结构是：S＋兼语动词＋宾语$_i$＋［PRO$_i$］VP。

和单纯兼语句不同的是，兼语套连谓句中的VP是个连谓结构，所以我们认为这类现象看起来复杂，实际上基本情况和单纯兼语句相同。陆俭明（1980）指出兼语套连谓有三种易位格式：

A.（Ns）VNV1’V2’→V1’V2’，（Ns）VN。例如：

(257) a.（妈）叫你放了学马上回家。

b. 放了学马上回家，（妈）叫你。

(258) a.（我）请你帮我打个行李。

b. 帮我打个行李，（我）请你。

B.（Ns）VNV1’V2’→（Ns）VNV2’，V1’。例如：

(259) a.（妈）叫你下了班去姑姑家。

b.（妈）叫你去姑姑家，下了班。

(260) a.（你）通知大家散了会先别回家。

b.（你）通知大家先别回家，散了会。

C.（Ns）VNV1’V2’→V2’，（Ns）VNV1’。例如：

(261) a.（妈）叫你下了班去姑姑家。

b. 去姑姑家，（妈）叫你下了班。

(262) a.（小张）请我帮他修修收音机。

b. 修修收音机，（小张）请我帮他。

陆俭明指出，A式和B式常见，C式不常见。原因一是C式只能用在答话中，A式和B式不受这种限制；二是C式后移成分太长了。可以看出，陆俭明认为是“（小张）请我帮他”后移，而非“修修收音机”前移。但是我们认为是“修修收音机”前置漂移至句首，因为“修修收音机”是句子的一个VP成分，按照何元建（2011）的观察，这部分是可以省略不出现的，所以相对来说这一成分较“轻”，而“（小张）请我帮他”是句子的主干成分“主语＋谓语＋宾语”，是句子的基本结构组合，不能省去不出现，因此这一部分相对较“重”，对于语音形式移位来说，也是轻的成分优先移动，而重的、复杂的成分一般是保持原位。

所以我们认为ABC三种易位式，其实是漂移成分不同，或者是方向不同导致的不同结构，用一个例子变换几种格式是最能清楚说明问题的。如以“（妈）叫你放了学马上回家”为原句，可以变换出以下几种：

(263) a. 放了学马上回家，（妈）叫你。

b.（妈）叫你马上回家，放了学。

c. 放了学，（妈）叫你马上回家。

d. 马上回家，（妈）叫你放了学。

其结构为：S＋兼语动词＋宾语$_i$＋［PRO_i］VP（VP_1＋VP_2）。

其实，a句是属于兼语句的漂移，宾语“你”后面的VP“放了学马上回家”整体前移，虽然整个VP属于连谓结构，内部包含VP_1＋VP_2，但是作为一个整体前置漂移的情况和单纯兼语句是相同的；而b句、c句是属于连谓句的漂移，因为其中的VP是个连谓结构，b句和c

句是将其中的 VP_1 和 VP_2 分别前置漂移，符合连谓句漂移的限制条件。

3. 连谓套兼语句的漂移

陆俭明（1980）指出连谓套着递系的复谓结构（V1V2NV’）只有一种易位格式，即 NsV1V2NV’→V2NV’，NsV1。例如：

（264）a. 你下午上了班通知各室主任来这儿。

b. 通知各室主任来这儿，你下午上了班。

c. 你通知各室主任来这儿，下午上了班。

（265）a. 我买到了螃蟹一定请你吃蟹肉包子。

b. 一定请你吃蟹肉包子，我买到了螃蟹。

（266）a. 你去叫小李买张船票。

b. 叫小李买张船票，你去。

陆先生指出来的这种易位实际上仍属于连谓结构的易位，不涉及兼语成分，因为整个结构可以看作 $S+VP_1+VP_2$，只是 VP_2 是一个兼语结构。我们认为，这种易位是整个兼语结构作为一个 VP 进行易位的。易位的规则、限制和连谓结构的漂移限制相同。

此外，还有一类特殊的格式，如：

（267）a. 我借给她三万块钱做生意。

b. *做生意，我借给她三万块钱。

c. 三万块钱做生意，我借给她。

d. *她三万块钱做生意，我借给。

（268）a. 技术员教乡亲们养猪赚钱。

b. 养猪赚钱，技术员教乡亲们。

c. *赚钱，技术员教乡亲们养猪。

d. *养猪，技术员教乡亲们赚钱。

e. *乡亲们养猪赚钱，技术员教。

其实这类结构属于双宾句和兼语句的组合结构。例（267）中“我借给她三万块钱做生意”首先是双宾结构，直接宾语是“三万块钱”，间接宾语是“她”，然后“做生意”的主语是“她”，形成兼语结构。c 句合法是符合了兼语句的漂移条件，d 句之所以不合法是因为违反了兼语句中宾语不能和后面的 VP 组合前置漂移的规定。而例（268）中 c 句和 d 句不合法的原因是违反了兼语句中 VP 中内部成分不能移出的规定，e 句不合法是因为兼语句中宾语不能和其后 VP 组合前置漂移。

第四节　谓词漂移的限制条件

谓词漂移有很多类型，每个类型的漂移限制都不相同，总体概括来说，一般SVO简单句中的谓语不能漂移，因为作为SVO型语言，中间的V是决定句子基本结构的，在任何情况下都不能移动，所以没有核心谓语漂移现象，如下所示：

(269) a. 我吃苹果了。

b. 苹果我吃了。(宾语前置漂移)

c. *苹果吃了我。(宾语前置漂移+谓语前移)

d. 苹果吃了，我。(宾语前置漂移+主语后移)

以上三种移位中，只有c句涉及谓语前移，不合法。只要不涉及谓语的移位现象，不管是主语还是宾语，包括附加语，都是可以移位的。

首先，谓宾动词漂移限制条件有：①只有主语与小句的[PRO]同指时，谓宾动词才能单独后置漂移。②能愿动词只能后置漂移，不能前置漂移。③谓词不能漂移至小句或VP内部。④能愿动词漂移不能超出句子范围，漂移至VP的嫁接位置。⑤谓词后置漂移有长度限制，能愿动词不能漂移至复杂VP的后面。⑥谓词后置漂移有语体限制，书面语体中能愿动词漂移可接受度较低。⑦谓词后只有一个动词性成分时，允许谓宾动词单独漂移，但是能愿动词不能单独漂移。⑧谓宾动词可以和主语组合后置漂移。

其次，“V得”漂移限制条件有：①表可能的“V得”不能漂移，表结果的“V得”可以漂移。②补语为单音节词语，“V得”不能漂移。③“V得”只能后置漂移，不能前置漂移。④如果补语是一个小句，补语小句的主语与句首主语有领属关系，则“V得”可以漂移至补语小句内部主语后的位置。

再次，连动句漂移限制条件有：①VP_1既可以前置漂移，形成VP_1，S+VP_2。也可以后置漂移，形成S+VP_2，VP_1。②VP_2可以前置漂移，形成VP_2，S+VP_1。③VP_1内部成分V和N不能单独漂移，只能作为一个整体漂移。④VP_1不能漂移至VP_2结构内部，VP_2不能漂移至VP_1结构内部。⑤对于S+V_1/VP+V_2结构，V_2为单音节动词，V_1不能漂移。

最后，兼语句漂移限制条件有：①宾语后的VP只能前置漂移，不能后置漂移。②宾语一般不能伴随其后 VP 一同前置漂移。③宾语不能前置漂移到 VP 内部。④关于使役动词、爱恨动词造成的兼语句有如下特点：ⅰ. 兼类名词/代词一定要出现；ⅱ. 兼类代词不能移出；ⅲ. 兼类代词前不能停顿，是因为停顿会阻挡格位和题元分派。

对于谓词漂移现象，我们列举了其中四类较为突出且在语言使用中较为常见的现象。一般而言，谓词是不能漂移的，谓词离开了原位就意味着句子结构发生了根本性的变化，但是并非所有的句子中都只有一个谓词，并且一个句子中的多个谓词所充当的成分和作用也是不同的，因此在这些较为复杂的结构中出现了谓词漂移现象。此外，我们将谓词漂移的范围扩大到谓词短语的漂移，将连动句和兼语句中谓词短语的移位现象纳入其中，同样可以得到统一的解释。谓词漂移现象限制条件的概括可以使我们更加明确谓词漂移的操作规则。

第五章　定语漂移

第一节　定语漂移的前人研究

关于定语易位问题，传统语法学家做了深入研究和讨论。较早提出这个问题的是陆俭明（1980），他认为定语和中心语之间不发生易位现象，如“我买了件大衣，呢子的”这类句子是复句，其中“呢子的”是后分句，没有办法复原，不说“呢子的大衣”。陆俭明（1980，1982）和李方杰（1983）都认为定语和中心之间不发生易位现象。

但是潘晓东（1981）认为复杂结构做定语，有两类结构的定语可以易位，一是“A的”“的”字短语构成联合短语时可以易位前行，二是“AA的”或“AABB的”做定语时可以脱离中心词前移，如：

（1）广阔的平原底下，横的、竖的、直的、弯的，挖了不计其数的地道。

（2）我走进会场一看，哈，墙上红的、绿的、蓝的，贴了那么多标语。

（3）薛林二人也吃完了饭，又酽酽的喝了几碗茶。

（4）花也不很多，圆圆的排成一个圈，不很精神，倒也整齐。

（5）长长的打了一把剑。

潘晓东认为，前两例属于第一种“的”字短语前置易位类型，因为这个定语较长，并且与中心词结合不十分紧密，所以可以易位。后三例是属于“AA的”做定语易位，其中，潘晓东指出，例（3）的深层结构是：“喝了茶＋茶几碗＋茶酽酽的”。通过转换，表层结构变成：“喝了几碗酽酽的茶”或“喝了酽酽的几碗茶”，由于说话者对于“酽酽的”要加以强调，所以在转换时发生了易位现象，形成了“酽酽的喝了几碗茶”，而例（5）中“长长的”和“宝剑”语义上相联系，对于“长长的”前移的原因，潘晓东解释为一方面是因为中心词已经有另一个与它结合较紧密的定语，如“一把”之类，另一方面是说话者有意要特别强调这个表示形状的定语。

我们认为，潘晓东（1981）指出的这两类现象非常有价值，我们赞同定语存在易位现象，正如其他成分一样，都会在不同语体中出现易位现象，这种易位带有修辞强调的效果，这不是发生在深层结构到表层结构之间的易位。此外我们认为，首先，前两例［例（1）和例（2）］属于“的”字短语，其深层结构相当于一个名词短语“横的［pro］、竖的［pro］、直的［pro］、弯的［pro］”，所以“的”字短语不属于定语易位现象。其次，对于“酽酽的”“长长的”这类语义指向名词中心语的成分易位到状语位置现象属于定语易位现象，可以用定语漂移理论进行统一解释。邢福义（2002：97）提出，汉语中存在定语和心语（中心语）位置变异现象，如：

（6）击毁军车五辆。

（7）打死敌人二十多名。

邢先生指出，这些成分将定语后置，可以突出定语所表示的内容，并且后置定语可以自由地恢复成前置定语，即由变式配置自由地恢复成常式配置，同时他特别指出，后置定语和前面的中心语之间没有停顿，书面上不用任何标点符号，后置定语限于数量定语，而且用于宾语部分。

邢福义（2002：97）还指出下列现象中，后边部分不属于定语，而属于谓语，如：

（8）来了一大群人，气势汹汹的。

（9）他手里拿着一块奖牌，金的！

他指出，尽管后面的成分近似后置定语，但是它们前面有明显的停顿，书面上用了逗号，所以把这些成分处理为谓语，分别可以解释为：“来了一大群人，（这群人）气势汹汹的。”“他手里拿着一块奖牌，（这个奖牌是）金的！”“气势汹汹的”和“金的”都是后分句的谓语。

张静（1987：491）认为“我有一本小说，新出版的”和“我们修好机车十八台，客车十八辆”属于定语后置倒装。

邵敬敏（1987）认为很多定语类型（如“我的”“昨天的”“懂的”“白的”“红红的”“孤孤单单的”等）没有“排谓性”，不算后置定语，而且认为真正的后置定语很少，口语中更少见，前置定语是不存在的。岳中奇（2007）则认为无论前置的定语做什么成分，只要它跟后续成分之间有一定的句法结构关系，就属于移位。

王力（1984：153）也分析了这类现象，如：

（10）里头却也有两个姐姐，成何体统的。

（11）他把他的汽车卖了，去年才买的。

（12）老爷有事——是件机密大事，要遣二爷往平安州去。

王力认为这类现象是“追加”，指在说前半句话的时候没有想到后面的成分，等说完主体之后才觉得需要补一个判断语，意思才算完整。王力指出，这种补充的判断语在形式上看似不重要，但是在意义上比前面的成分更重要，因为若是不重要就用不着追加了。陈建民（1984：214）也指出口语中存在定语后置现象，名词短语在意念上是先发短语的定语，它们都可以移到先发小句的定语位置上。我们认为“追加”是语言表述的手段，追加的成分可以不局限于句子成分，还可以是句子等，前人判定为“追加”的语言事实和漂移现象是部分重合的，二者并不冲突，而是分析角度不同，对于王力的分析，我们认为前两例都属于定语后置现象，而第三例属于典型的追加现象。对于陈建民区分的两类不同现象，我们认为都属于定语后置漂移现象，二者区分难度比较大，也没有必要，只是属于定语漂移中的不同的细类，可以统一进行解释。

除了传统语法研究之外，关于修饰语语序问题，其他理论也都对此做了探索和总结，如类型学派的 Greenberg（1984）多处论及修饰语与被修饰语的语序问题，当任何一个或者所有的下述成分（指别词、数词、描写性形容词）居于名词之前时，它们总以这种语序出现。如果它们后置，语序或者依旧，或者完全相反。李素秋（2009）指出，根据前人研究，英语和德语前置的多项定语大致会形成这样一个优先序列“逻辑量词—指示词/冠词/领属词—数词—表情状的形容词—表估价的形容词—表颜色的形容词—表质料的形容词及名词”，匈牙利语、波兰语、土耳其语、印地语也是这种语序。对于指别词、数词、形容词的位置，Hawkins（1983：119—120）也指出一条语言共性：当任何或所有修饰语（指示语、数词和描述性形容词）位于名词之前时，它们（即那些在名词之前的修饰语）总是按这个顺序出现。对于后置的修饰语，则无法预测，尽管最常见的顺序是前面修饰语的语序的镜像。在任何情况下都不可能出现形容词前置于核心名词而指别词或者数词后置的情况。

此外，不仅汉语中存在定语易位现象，其他语言中也存在这样的易位。齐春红、杨育彬（2010）指出，泰语里多项定语的语序比汉语灵活，如汉语“好几本厚厚的精装书”，泰语里多项定语的语序有三种：

（13）a. หนังสือ　ปกแข็ง　เล่ม　หนาๆ　สองลาย　เล่ม　ที่　ดี.
书　精装　本　厚厚　几　本　的　好

b. หนังสือ　ปกแข็ง　เล่ม　หนาๆ　ที่　ดี　สองลาย　เล่ม
书　精装　本　厚厚　的　好　几　本

c. หนังสือ　เล่ม　หนาๆ　ปกแข็ง　สองลาย　เล่ม　ที่　ดี
书　本　厚厚　精装　几　本　的　好

好几本厚厚的精装书。

英语中也存在定语易位现象，如：

（14）a. There were no statistical tables available to give this growth accurately.

b. There were no available statistical tables to give this growth accurately.

（15）a. Nothing was heard about the plane hijacked.

b. Nothing was heard about the hijacked plane.

所以定语易位现象是语言普遍存在的现象，研究汉语的定语易位要结合其他语言中的相关现象进行考察。

第二节　定语漂移的性质

虽然前人对于有没有定语易位，哪些情况属于定语易位，定语易位的限制性条件有哪些仍然存在争论，但是，我们认为汉语中存在定语漂移现象，并且定语漂移和其他成分漂移的性质相同，属于不改变句法和语义的语音形式移位。

对于定语的性质和类型，邢福义（2011：244）明确指出，定语是名词性词语前边起修饰作用的成分，名词性、形容词性、动词性词语经常充当定语，定语可以表示领属、时地、指别、数量、行为、断定、含义、形状等，不同类型定语同时出现时有一定的顺序。

关于定语的类型，刘丹青（2008a）将定语区分为两大类型：内涵定语和外延定语，他指出，内涵定语实际上就是传统语法中公认的定语，包括描写性和限制性定语，由名词、区别词、形容词、动词、介词短语及定语从句等充当。句法上，内涵定语大都是核心名词的附加语，并不改变名词语的性质，在汉语中，所有的内涵定语都可以带“的”。外延定语不属于传统语法中的定语范畴，而是在生成语法体系下发现的新的类型，不属于附加语，是独立的量词短语（quantifier phrase），包括指示词、冠词、数量词语、量化词语（全量或分量词语），用来给名词语赋以指称、量化属性，表明它在真实世界或可能世界中的具体所指范围。这类定语在生成语法中分析为限定词短语 DP 的核心 D 或量化名词语 QP 的核心 Q，它们在汉语中都不带“的”。刘丹青对于定语类型的分析符合语言事实，也和生成语法中对于名词前限定成分的分析十分吻合，内涵定语相当于限定词短语中的限定性成分，外延定语相当于量词等，我们所说的这一类“X 的”相当于内涵定语的范畴。

同时，刘丹青（2008b）指出，作为以前置词为主的 SVO 语言，汉语 NP 在语序方面的突出类型特点是一切定语包括内涵定语和外延定语都在核心名词之前，这是汉语名词短语最根本的语序特点。这个观察符合汉语的语序事实，汉语中定语虽然在句法上属于附加语，没有固定的句法位置投射，大部分语言中附加语是位于核心名词后面，定语的深层位置位于核心名词前。

虽然汉语的定语一律前置于核心名词，但并不是不存在移位现象，刘丹青（2008a）同时指出，汉语关系从句前置特点造成了汉语句法的一系列现象，包括催生了口语中的后置关系从句。但是这种口语中的后置关系从句句法化程度还不太高，与核心名词的整合度还处在较低的水平。方梅（2004）也指出，导致汉语中关系从句后置的语用动因有两个，一个是单一新信息原则，另一个是线性增量原则。单一新信息原则导致口语中出现延伸现象，如“我刚买了辆车，日本原装的，越野，今年最新款的”，说话人要表述两个或更多新信息，所以将其拆开成独立的语调单位，方梅认为，口语中这类延伸现象与后置型关系从句的产生机制是相同的。

综合刘丹青（2008a）和方梅（2004）的观点，他们一致认为汉语的定语一律前置于核心名词，这是汉语名词短语最根本的语序特点，但是定语可以后置到句尾，变成关系从句。我们赞同两位学者的基本观点，认为汉语中定语的原位是核心名词前，但是对于二者认为在汉语中，对核心名词进行补充性说明只能以后接分句（非限制关系从句）的形式来表示表示异议。因为首先，刘丹青（2008a）指出，口语中的这种后置定语句法化程度不高，方梅（2004）也指出这类后置是语用因素驱动的，并非语法驱动移位，另外，句法移位一般是左向移位，所以，我们认为这种定语后置不属于句法移位，并不改变句法结构；其次，汉语中是否存在关系从句仍然是一个可以讨论的问题，对于口语中的这类后置现象，并没有关系化标志来标记后置是一个关系化的过程；再次，非限定性从句是指不起限定制约作用的成分，但是汉语口语中后置的定语一般属于内涵定语，而刘丹青认为内涵定语属于限定性成分；最后，这类定语移位之后可以轻易地恢复原位，只改变句子语用功能，因此，我们认为定语后置现象属于语音形式移位，从核心名词前移到句尾的过程属于漂移。

上文涉及的定语漂移类型也各种各样，Huang（1982：62-63）指出，汉语中部分定语之间位置可以发生变化，如：

（16）[NP [S 我最喜欢的] [NP 李四的] [Qp 那一本] [S 去年出版的] [NP 张三的] 书]

黄正德指出，在例（16）中，所属 NP 和定语从句可出现在 QP“那一本”的任何一侧。事实上，其他位于名词前面的范畴一般来说也是这样。名词性修饰语之间的位次是自由的。这个语言事实说明，名词短语没有内部结构，其最小结构是一个中心词在其所有修饰语后面的结构。我们认为句中的领属定语成分不能随意换位，换位之后会造成语义的变化，如：

（17）a. ？[NP [S 我最喜欢的] [Qp 那一本] [S 去年出版的] [NP 张三的] [NP 李四的] 书]

b. *[NP [NP 张三的] [S 我最喜欢的] [NP 李四的] [Qp 那一本] [S 去年出版的] 书]

c. *[NP [S 我最喜欢的] [NP 李四的] [NP 张三的] [Qp 那一本] [S 去年出版的] 书]

通过观察上面三例定语换位现象，我们发现表示领属的 NP 位置相对固定，如果句中有两个表示领属的 NP，则先后顺序不同表示的语义也不同。例（17）a 句中“李四的”换位到紧邻中心语“书”，所以语义变成了“书”的作者是“李四”，而非“张三”；例（17）b 句中两个表领属的 NP 都不紧邻中心语，所以造成了语义混乱，句子不合法；例（17）c 句中两个表示领属的 NP 并列相连，容易产生歧义。这三例都表明，有些定语的位置不能随意移动。

Huang（1982：63-64）同样也指出，修饰语虽然按任意的次序出现而不会产生不同的语法意义，但是不同的次序总要蕴含不同的意义。比如：

(18) a. 张三的三本书。 b. 三本张三的书。

黄正德分析，例（18）中 a 句和 b 句都是可接受的，但是，前者所属短语“张三的”位于量词短语“三本”的前面，因而含有特指的语义解释；而后者的量词短语位于所属短语之前，没有特指的含义。这种差别也可从 a 句可出现在主语位置（如：张三的三本书在这。），而 b 句不可以出现在主语位置（如：＊三本张三的书在这。）这样的事实中得到证实。这是因为非特指 NP 可不带存在量词“有”出现在主语位置上。黄正德指出，下例语法上的对比也是由特指上的不同引起的：

(19) a. *我一共看见了戴眼镜的三个学生。

b. 我一共看见了三个戴眼镜的学生。

黄正德指出，副词“一共”使带有数量的 NP 获得量词结构解释。因此，例（19）b 句由于在 VP 或定语从句“戴眼镜”之前出现了量词短语“三个”而听起来很自然，而例（19）a 句因为两个修饰语位置颠倒，对 NP 给出的特指的解释与副词“一共”相矛盾，所以是不合格的句子。例（18）a 句和 b 句之间的另外一个差别是：后一句话含有“张三不只有三本书”的意思，而前一句却没有这个意思，只包含着“张三只有三本书”的意思。

可以看出，多重定语之间的关系是层层包括的关系，而非并列关系。因此，黄正德指出的这种现象不属于定语漂移，因为语义发生了变化（定语由原来位置提升到修饰整个 NP 的位置，修饰范围发生了变化，所以语义也发生了变化）。

此外，徐烈炯、刘丹青（1998：136）还提出下列现象，如：

(20) a. 新教学楼，我只见过这幢楼的图纸。

b. 新教学楼，我只见过它的图纸。

c. 新教学楼，我只见过 [ ] 图纸。

(21) a. 王德刚，没人敢动他一根毫毛。

b. 王德刚，没人敢动一根毫毛。

(22) a. 金星，我买过这种牌子的电视机。

b. ? 金星，我买过 [ ] 电视机。

（23）a. 王德刚，我见过他的舅舅。

b. *王德刚，我见过［ ］舅舅。

徐烈炯、刘丹青（1998）指出，这些句首成分属于话题，在意义上是宾语的领格，但是不同复指话题的宾语空位领格的可接受性并不相同，例（20）和例（21）都可以接受，但是例（22）和例（23）中宾语领格前置，句子可接受度降低甚至不合法。徐、刘指出，跟话题共指的宾语领格，有的可以是空位，有的不可以，这除了位置因素外，还跟宾语领格的语义关系类别有关，例如所谓可分离的领格与不可分离的领格之类。

所以，这种类型的定语易位也不属于宾语漂移现象，这种易位的附加条件相对较多，只限定在名词性短语做定语可以前置到句首充当话题的情况下。但是二者是否存在移位关系还存有争议，值得进一步探讨，两种结构的语义和句法结构也都发生了变化，如：

（24）a. 核桃，我打了粉。

b. 我打了核桃粉。

两种结构之间不存在由例（24）b句移位生成例（24）a句的关系，二者句法结构和语义关系都不相同，这类现象不属于定语漂移。

第三节　定语漂移的类型

通过排除非漂移现象，我们主要考察和分析以下几种定语漂移类型："X的"定语漂移、数量短语做定语漂移和定状互易现象。

一、"X的"定语漂移

对于"X的"做定语后置的情况，陈建民（1984a：214）指出，这类现象中名词短语在意念上是先发短语的定语，它们都可以移到先发小句的定语位置上，如：

（25）党费没有交，李铎的。

（26）几棵歪脖子树不好看，马路边的。

（27）《数学》第四册买不到，高中的。

（28）钢笔丢了，谁的？

（29）《电视周报》什么时候出来，下期的？

但是，陈建民（1984a：215）认为下列现象与上述类型不同，不属于“追加”，如：

（30）她拎着个篮子，空的。

（31）李珊生了一个小孩，女的。

陈建民认为句末成分“空的”“女的”“细高个子……”都不是追加语，因为不能说“空的篮子”“女的孩子”，可以说“篮子空的”“孩子女的”，所以，陈建民认为：这些后置名词短语在语义上是描述，不是追加；在语法上是隐含主语的名词性谓语，不是追加定语。

邢福义（2002：97）也区分出了第二类“X 的”，认为下述情况中“X 的”属于谓语，如：

（32）来了一大群人，气势汹汹的。

（33）他手里拿着一块奖牌，金的！

上述分析符合语言事实和语感，句尾的“X 的”起到了描述解释的作用，虽然这一类“X 的”在有些方面的表现和前一类有细微差别，但是，我们认为二者可以放在一起解释，句尾的名词短语可以恢复到定语位置，如：

（34）a. 她一手提着竹篮。内中一个破碗，空的。（鲁迅《祝福》）

b. 她一手提着竹篮。内中一个空的破碗。

“空的”不管是位于“破碗”前还是位于其后，表达的意思基本没有变化，二者的差异在于修辞、语用强调方面，所以通过对比最小差异对，可以看出二者本质上属于同一种结构类型。

刘丹青（2008a）指出，外延定语可以漂移，是汉语非常突出的类型特点。事实上，内涵定语也可以漂移，如：

（35）雪化后那片鹅黄，你像；新鲜……（林徽因《你是人间的四月天》）

（36）那个女人，戴草帽的，不管走到哪里都大惊小怪的，很讨厌。

（37）飞舞的萤火虫闪着光，柔和的、青绿的，把夜晚点缀得更加可爱。（武氏河 2006）

经过分析，我们认为“X 的”定语后置漂移可以分为以下几类：

1. “X 的”为领属定语

刘丹青（2008a）指出，领属定语本质上兼有内涵性和外延性，所以在有些语言中是外延定语，在汉语、葡语等语言中是内涵定语。汉语领属语总体上符合内涵定语的常规，也更证明其内涵性，如：

(38) a. 三本我的书　　　　a'. 我的三本书

b. 所有我的书　　　　b'. 我的所有书

c. 这本我的书　　　　c'. 我的这本书

虽然前文提到领属定语在多项定语之间换位的话会造成语义变化，但事实上，作为内涵定语的领属定语可以后置漂移，如：

(39) a. 我的手机丢了。

b. 手机丢了，我的。

(40) a. 桌子上放着小明的作业本。

b. 桌子上放着作业本，小明的。

不论是作为主语的修饰语还是宾语的修饰语，领属定语一般都能后置漂移。但是并非所有领属定语都能后置漂移，如：

(41) a. 班主任通知了小明的爸爸。

b. ? 班主任通知了爸爸，小明的。

(42) a. 小明的爸爸被提拔为市里的干部。

b. ? 爸爸被提拔为市里的干部，小明的。

之所以这类漂移可接受度较低，是因为亲属称谓和其他名词的性质有所不同，其他名词的修饰限定性成分可以位于后面，但是亲属称谓的领属定语一定要位于前面。

此外，领属定语在一定条件下可以前置漂移，如：

(43) a. 我很喜欢曹禺的剧本。

b. 曹禺的剧本，我很喜欢。

c. 曹禺，我很喜欢 [他的] 剧本。

d. *曹禺，我很喜欢 [ ] 剧本。

对于宾语的定语前置漂移，只有当领属定语的原位语迹被同指代词标记的时候，领属定语才可以前置漂移到句首，并且这种前置只允许领属定语，表性质的定语在任何情况下都不允许前置漂移，如：

(44) a. 我穿了一件漂亮的裙子。

b. *漂亮的，我穿了一件裙子。

c. *一件漂亮的，我穿了裙子。

d. 漂亮的裙子，我穿了一件 [ ]。

可以看出，性质定语，甚至包括其他定语[①]，都是不能前置到句首，因为不是名词和代词，也不能在原位进行复指，因为这种漂移超出了其应在的辖域，生成了不合法的句子。

2. “X 的”为性质定语和状态定语

朱德熙（1999：85-86）将形容词分为性质形容词和状态形容词，性质形容词包括单音节形容词（如：大、红、快、好）和一般的双音节形容词（如：大方、干净、规矩、伟大）。状态形容词包括：①单音节形容词重叠式：小小儿的；②双音节形容词重叠式：干干净净（的）；③带后缀的形容词，包括 ABB 式，A 里 BC 式，A 不 BC 式；④“f＋形容词＋的”形成的合成词（f 代表“很、挺”一类程度副词）：挺好的、很小的、怪可怜的；还有其他类别，不一一列举。朱德熙还指出性质形容词和状态形容词在语法意义上的差别，性质形容词单纯表示属性，状态形容词带有明显的描写性。从语法功能上来看，这两类形容词也有很大的区别。性质形容词做修饰语远不如状态形容词自由，朱先生这里所指的“自由”指的是搭配的自由，性质形容词不加“的”直接修饰名词的格式是受限制的，而状态形容词则可以自由地修饰名词。

我们认为性质形容词和状态形容词在“自由”方面还有一个区别，即自由程度不同，一般来说，性质形容词不能后置漂移，而状态形容词可以自由地后置漂移，如：

(45) a. 新中国出了一个伟大的领袖。

b. * 新中国出了一个领袖，伟大的。（性质形容词）

(46) a. 头上长了一个硬邦邦的肿块。

b. 头上长了一个肿块，硬邦邦的。（状态形容词）

性质形容词不能后置漂移是由其性质决定的，性质形容词单纯表示属性，不具有描写性，一般能放在名词后面的形容词都具有描述性。

3. “X 的”为主语的定语和宾语的定语

当结构为简单的偏正结构“修饰语＋名词”时，一般来说修饰语都可以后置，如：

① 数量短语作宾语的定语时也不能前置漂移到句首，如：* 两个，他刚才吃了苹果吗？

（47）好书　　书好
贵东西　东西贵
薄纸　　纸薄
凉水　　水凉
短袖子　袖子短

但是这种后置不仅改变了句子结构，由定中结构变化成主谓结构，同时语义也改变了，如“凉水≠水凉”“短袖子≠袖子短”。

但是，当“修饰语＋名词”充当句子中的主语或者宾语时，修饰语的后置漂移不是自由的，我们分为修饰主语的定语和修饰宾语的定语两种情况来讨论。

（1）修饰主语的定语

主语的修饰语不能后置漂移，能后置漂移的一定有条件，如：

（48）a. 大橘子留给妹妹吃。
b. * 橘子留给妹妹吃，大。

可见，主语的修饰语后置漂移到句尾会产生不合法的句子，那么是否可以后置漂移到主语后呢？见下例：

（49）a. 老实巴交的二伯被合伙人给骗了。
b. * 二伯被合伙人给骗了，老实巴交的。
c. * 二伯老实巴交的被合伙人给骗了。
d. 二伯老实巴交的，被合伙人给骗了。

例（49）b 句不合法，表明主语的修饰语不能自由地后置漂移，其实，主语的修饰语不仅不能后置到句尾的位置，也不能后置到主语名词后，因为主谓之间一般是状语的位置，不能放定语，所以 c 句不合法，但是，如果将单句变成复句，句子就可以接受，因为改变了句子的句法结构和语义，所以 d 句合法。

主语的定语后置漂移有一定的条件，需要遵循一定的原则，第一个原则是没有宾语名词出现原则，如：

（50）a. 晶莹剔透的雪花一片一片地落了下来。
b. 雪花一片一片地落了下来，晶莹剔透的。
c. ? 雪花落到了房顶上，晶莹剔透的。

由上例可以得出，当没有宾语名词出现的时候，主语的修饰语就可以后置漂移。

第二个原则是就近修饰原则，如：

（51）a. 湖里养了一群鱼，活蹦乱跳的。

b. ? 湖里养了一群鱼，清澈见底的。

（52）天空变成了浅蓝色，很浅很浅的。（邢福义 1980）

之所以例（51）b 句接受度不高，是因为修饰语有就近修饰的原则，这里的主语修饰语“清澈见底”后置到句尾之后，明显和距离最近的名词“鱼”无法构成搭配关系，所以句子不合法。例（52）中“很浅很浅的”修饰的也是“浅蓝色”，而非“天空”。此外，领属定语也遵循就近修饰原则，如：

（53）a. 玲玲的妈妈穿了一件典雅的旗袍。

b. * 妈妈穿了一件典雅的旗袍，玲玲的。

例（53）b 句的意思可以误解为“旗袍”属于“玲玲的”，这是由就近修饰原则造成的歧义。

（2）修饰宾语的定语

作为宾语的修饰语，一般情况下是可以后置漂移的，因为后置之后距离宾语名词最近，所以符合就近修饰原则，如：

（54）a. 我有一条香奈儿的项链。

b. 我有一条项链，香奈儿的。

（55）a. 我有一条金光闪闪的项链。

b. 我有一条项链，金光闪闪的。

（56）a. 我有一条坏的项链。

b. 我有一条项链，坏的。

但不是所有的宾语修饰语都能后置漂移，首先，不加“的”的单音节修饰语不能后置漂移，如：

（57）a. 哥哥给了我一个大橘子。

b. * 哥哥给了我一个橘子大。

（58）a. 书店进了一批新书。

b. * 书店进了一批书新。

其次，修饰语如果不提供新信息，则不能后置漂移，如：

（59）a. 我有一条漂亮的项链。

b. * 我有一条项链，漂亮的。

（60）a. 我有一个粗浅的想法。

b. ? 我有一个想法，粗浅的。

两例中的 b 句的可接受度都非常低，一个重要原因是两个修饰语

“漂亮的”和“粗浅的”并不提供实质性的新信息，没有后置强调的必要，“粗浅的”一般作为谦虚的客套话使用，并不作为真正的实际意义表达，所以后置成分一定有被强调的必要。

再次，不具有描述性的修饰语不能后置漂移，如：

（61）a. 班里有很多聪明的孩子。

b. *班里有很多孩子，聪明的。

（62）a. 我一进门就看到了慌张的妈妈。

b. *我一进门就看到了妈妈，慌张的。

这个特点和性质形容词与状态形容词的区别有关系，性质形容词不具有描述性，不能位于名词后的位置。邵敬敏（1987）也认为，真正的定语后置情况发生在具有“排谓性”的格式中，“排谓性”是指定语在这里只能被解释做定语而不能被解释做谓语。邵敬敏这里所指的“排谓性”就是指没有描述功能的形容词。邵敬敏（1987）指出，只有“单音节形容词＋的”（如：白的），和“双音节性质形容词＋的”（如：美丽的）这两类结构中的“的”属于“X 的$_3$”，不能直接做谓语，具有排谓性，属于一种“典型的名词性结构”。

最后，和状语相比，定语不能前置漂移，如：

（63）a. 轻轻的，我走了。

b. 我轻轻的走了。

c. 我走了，轻轻的。

（64）a. *呢子的，我穿了一条裙子。

b. 我穿了一条裙子，呢子的。

通过对比可以看出，属于宾语名词的修饰语不能移出宾语这个辖域，修饰语的漂移也要在一定的范围内进行。我们认为，定语不能移至句首和谓头是因为：第一，句首和谓头没有可接受定语的位置；第二，定语和所修饰的 NP 的中心语 N 有紧邻原则，不管怎么移位，必须紧邻，否则不合法。除了定语不能移出相应的辖域之外，其中心语名词也不能移出所在范围，如当句首主语为 DP 时，DP 核心代词不能移出所在的 DP 节点。例如：

（65）a. 离婚的小张准备去南非淘金。

b. *小张离婚的准备去南非淘金。

c. *离婚的准备去南非淘金，小张。

二、数量短语做定语漂移

徐杰（2016）指出，数量短语做定语，可以漂移至被修饰名词后的位置。例如：

（66）我们修好机车十八台，客车十八辆。

邵敬敏（1987）也将数量词组做定语后置列举为三类定语后置现象之一，另外两种包括，形容词词组做定语后置和动词性词组做定语后置，如：

（67）打死敌人二十多名。

（68）节省成本三万元。

（69）这个寝室学生六个。

刘丹青（2008a）将数量短语做定语分析为外延定语，刘丹青（2008a）指出，外延定语可以漂移，是汉语中非常突出的类型特点。当然，漂移会带来指称意义和信息属性的细微差异，外延定语相对于内涵定语的语序较灵活，外延定语内部很固定。

对于定语漂移的限制条件，除了漂移要遵守一些普遍原则，如词语完整律、禁止介词悬空原则等，漂移而出的语法成分必须是一个最大投射的“短语”整体（XP，phrase），而不能是这个短语的一部分，如“我们修好机车十八台，客车十八辆”，移出成分是数量短语“十八台”和“十八辆”，不能是其中一部分，如：

（70）*我们修好台机车十八，辆客车十八。

（71）*我们修好十八机车台，十八客车辆。

此外，我们还总结出数量短语做修饰语漂移的其他限制条件，如下：

第一，在口语中，数量短语可以前置漂移至句首，如：

（72）a. 我们小组共收集了三百滴雨水。

b. 我们小组共收集了雨水三百滴。

c. *我们小组三百滴共收集了雨水。

d. 三百滴，我们小组共收集了雨水。

由上例可以得出，数量短语在口语中可以前置到句首作为焦点强调，但是不能前置到主谓之间的位置。

第二，修饰主语的数量短语不能后置漂移，如：

（73）a. 十八个预备党员加入了中国共产党。

b. ？预备党员加入了中国共产党十八个。

（74）a. 中国共产党发展了十八个预备党员。

b. 中国共产党发展了预备党员十八个。

修饰主语的数量短语的漂移限制实际上和其他主语的修饰语特点相同，都要遵循就近修饰原则。

三、定状互易现象

潘晓东（1981）认为以下情况发生了定语易位，如：

（75）薛林二人也吃完了饭，又酽酽的喝了几碗茶。

（76）花也不是很多，圆圆的排成一个圈子，不是很精神，倒也整齐。

（77）也给姑娘热热儿的倒了一碗茶来。

（78）我一看，黑压压的挤了半屋子人。

（79）长长的打了一把宝剑。

但是陆俭明（1982）认为这些句子都明显不符合易位句的普遍特点，因此不属于易位现象，这些修饰性成分也不是定语。陆俭明指出，潘晓东所举的例子“都是一般所说的包含状语和中心语的偏正结构，其中‘酽酽的’‘圆圆的’‘热热儿的’‘黑压压的’‘长长的’都是状语，修饰后面整个述宾结构”。朱德熙（1982），邵敬敏（1987）也认为这类修饰语虽然语义上指称名词，但在句法成分上却是做状语。

但是，吕叔湘（1986）把这种现象看作是“定语的词语跑到了状语的位置上”，即存在移位现象，定语从深层结构移位至表层结构的状语位置。

何元建（2011：200-201）也指出，状语也会有不同的语义指向，动词的修饰语属于状语（adverbial）的范畴，主要指用于修饰动词而且不是句子的状语成分。汉语动词的修饰语常常出现在动词和主语之间，如：

（80）a. 他［好好］吃了一顿。（副词性成分做修饰语）

b. 他［常］去那儿。

（81）a. 他［悄悄地］跑了出来。（主语方向的修饰语）

b. 她［满面愁容地］站在我面前。

（82）a. 他［脆脆地］炒了一盘花生米。（宾语方向的修饰语）

b. 她［香喷喷地］抹了一脸香水。

何元建分析，“地”字短语也属于副词性修饰成分，但它常常有方向性，语义上指向主语或者宾语。句法上，这些成分是动词的修饰语，但语义功能上，它们不是修饰动词，而是对主语或者宾语作出修饰性的描写。比如，“他悄悄地跑了出来”是说“他跑出来的时候，他是悄悄的”。所以，状语和主语、宾语之间在语义上的联系给定语漂移到状语位置提供了基础。

虽然一部分定语可以移位到状语位置，但是，不是所有定语都能移位到状语位置上，如：

（83）a. 他精心雕刻了一个精美绝伦的餐桌。

b. ? 他精美绝伦地精心雕刻了一个餐桌。

（84）a. 他脱下了漂亮的外套。

b. * 他漂亮地脱下了外套。

由上两例可以看出，“精美绝伦”和“漂亮的”都是性质形容词，表性质的修饰性成分很难移出原位到状语位置。

（85）a. 他脱下了设计师的外套。

b. * 他设计师地脱下了外套。

“设计师的”在名词“外套”前是一个表示领属的修饰成分，可以发现，领属类定语绝对不能发生定状互易。

（86）a. 他偷了一套首饰。

b. * 他一套偷了首饰。

“一套”是数量短语做修饰语，通过对比发现，表数量的限定性定语都不能漂移到状语位置，即使可以漂移到状语位置，也有一些漂移限制，首先，被修饰的宾语名词一定要出现，如：

（87）a. 我热热的沏了一杯咖啡。

b. * 我热热的沏。

其次，由定语漂移到状语位置的修饰语不能像其他状语一样前置漂移到句首，如：

（88）a. 他酽酽的喝了几碗茶。

b. * 酽酽的，他喝了几碗茶。

此外，可以说，典型状语是不能变成定语的，如：

（89）a. 他们大概到学校了。

b. * 他们到大概学校了。

但事实上，定状互易现象限定在特定几类词语和特定几类句型中。有一类修饰语可以发生定状互易，即描述性定语可以与状语互易，如：

脆脆的、浓浓的、酽酽的、薄薄的、厚厚的、鬼鬼祟祟的、弯弯曲曲的、歪歪扭扭的、密密麻麻的、隐隐约约的、色眯眯的、轻飘飘的、黑黢黢的、黑压压的、贼亮的、笔直的、广泛的、非常认真地、严肃认真地等等。

为什么能发生定状互易呢？我们认为，是因为汉语中有一些词语，词类和句法成分不是一一对应的，一些词语既能做定语，又能做状语，导致看起来像是定语变成了状语。具体情况如下：

第一，主语定语和动词前状语互易，如：

（90）a. 小张开心地试穿了婚纱。

b. 开心地小张试穿了婚纱。

事实上，“开心”既可以修饰“小张”，也可以修饰“试穿”这个动作，甚至句子可以表述为“平时不开心的小张开心地试穿了婚纱”，证明一个修饰语可以指向不同的成分。

第二，宾语定语和动词前状语互易，如：

（91）a. 作业上写满了密密麻麻的评语。

b. 作业上密密麻麻地写满了评语。

（92）a. 小丽脸上铺了一层薄薄的粉。

b. 小丽脸上薄薄地铺了一层粉。

同样，宾语定语也可以漂移至状语位置，所以，我们得出以下漂移规律：

（1）S+（2）V+（3）N

所有描述性的定语（1）都可以与（2）互易，所有描述性的定语（3）都可以与（2）互易，但是所有（1）位置上的定语都不能与（3）位置上的定语互易，表述如下：

（1）—（2）互易；（2）—（3）互易；*（1）—（3）互易

定状互易有时是为了修辞效果，一般从定语漂移到状语位置是为了使语言更加有描述性和画面感，为了艺术性的表达。

四、多层定语语序

关于定语的漂移，还有一种相关类型也值得讨论，即多层定语之间的顺序问题，关于多层定语之间的顺序，前人对此做了非常多而细致的研究，Huang（1982：62-63）指出，名词性修饰语之间的位次是自由的，如：

［NP［S 我最喜欢的］［NP 李四的］［Qp 那一本］［S 去年出版的］［NP 张三的］书］

其中，所属 NP 和定语从句可出现在 QP“那一本”的任何一侧。

陆丙甫（1988）指出，多项黏合式定语的顺序遵守三个原则：①由大到小；②从临时到稳定；③受音节数目的限制。朱德熙（1999：172）指出，关于定语的次序，可以归结为以下两点：①带“的”的定语在不带“的”的定语之前；②如果几个定语都不带“的”，一般的顺序是领属定语→数量词→形容词→名词。例如：

（93）实验小学的一位优秀教师。

此外，还有丁声树（1961）、马庆株（1995）等运用不同的理论对多项定语进行了考察，张敏（1998）认为多重定语语序也符合距离象似原则，定语和中心语之间的距离取决于它们所表达的概念之间的距离。袁毓林（1999）从信息和认知加工策略等方面对定语多重语序作出解释，得出定语语序规律为：①对立项少的定语＞对立项多的定语；②信息量小的定语＞信息量大的定语；③容易加工的定语＞不易加工的定语。

刘丹青（2008a）区分了多层定语（定语本身是内含定语的 NP）和多项定语（几个定语依次修饰核心），二者都有排斥“的”在一个名词性短语内多次出现的倾向。刘丹青（2008a）认为，外延定语内部语序非常稳定。当内涵定语带“的”时，各项外延定语都可以漂移；至于内涵定语之间的语序，既有固定性，也有一定的灵活性（尤其带“的”定语），其排序主要受语义、认知和语用等方面的制约，而外延定语漂移是汉语的特点。

虽然多项定语之间的换位类似于漂移现象，但是我们认为，多项定语之间的换位不属于漂移，原因有以下几点：首先，漂移一般是由原位移至其他位置，多项定语不论有多少个成分，都属于修饰语这一个位置，不同定语之间顺序的排列不是由其本身的句法位置决定的，而是受制于认知、语义、语用等方面因素影响，因此，定语之间的换位仍是在附加语位置上，没有明显的漂移；其次，不同定语换位之后会造成语义的变化，如领属定语换位之后会产生不同的语义效果；最后，前人总结出多项定语遵循一般的顺序规律，符合人的认知习惯，也符合多项定语的层次结构，换位之后会改变修饰语的作用范围，改变定语的内部结构。

第四节 定语漂移的限制条件

经过对定语的分析考察，我们根据不同的定语漂移类型总结出不同的漂移规则，总结起来就是，定语漂移除了要遵循词语完整律、禁止介词悬空等原则外，还有下列条件限制。

①对于“X 的”做定语的情况，“X 的”为领属定语时，领属定语都能够后置漂移，前置漂移一定要有代词复指。②“X 的”为性质形容词时，定语不能自由地后置漂移，而状态形容词可以自由地后置漂移。③“X 的”为主语的修饰语时，定语不能后置漂移，能后置漂移的一定要遵循条件，包括没有宾语名词出现原则，和遵循就近修饰原则。④“X 的”为宾语的修饰语时，一般情况下是可以后置漂移的，因为后置之后距离宾语名词最近，符合就近修饰原则。但同时也受到一些条件限制，包括：不加“的”的单音节修饰语不能后置漂移，修饰语如果不提供新信息则不能后置漂移，不具有描述性的修饰语不能后置漂移。此外，和状语相比，定语不能前置漂移。

对于数量短语做定语的情况，漂移而出的语法成分必须是一个最大投射的“短语”整体，而不能是这个短语的一部分。数量短语可以后置漂移到被修饰名词后，也可以前置漂移至句首，但是修饰主语的数量短语不能后置漂移。

对丁定状互易发生的条件，包括被修饰的宾语名词一定要出现，只有描述性定语可以互易为状语，典型状语是不能变成定语的。

此外，定状互易有自身的漂移规律：

（1）S+（2）V+（3）N

所有描述性的定语（1）都可以与（2）互易，所有描述性的定语（3）都可以与（2）互易，但是所有（1）位置上的定语都不能与（3）位置上的定语互易，表述如下：

（1）—（2）互易；（2）—（3）互易；*（1）—（3）互易

除了上述总结的限制之外，陆俭明、沈阳（2003：203）指出，定语的移位还要遵循“左分支名词结构限制”（left branch structure constraint）原则，指在一个由连续多个名词做修饰语的名词结构（主要是领属性的名词词组）中，其中一个成分处于更大成分的左侧时，不能发生移位。例如：

（94）a. 他娶了张局长的爱人的妹妹的同学。

b. *张局长他娶了爱人的妹妹的同学。

c. *张局长的爱人他娶了妹妹的同学。

d. *张局长的爱人的妹妹他娶了同学。

左分支名词结构的移位限制如下所示，在下列位置的成分任何情况下都不能移出：

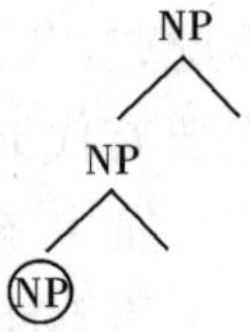

图 5-1 “左分支名词结构”的移位限制图

事实上，上述左分支名词结构限制原则和多层定语结构层级有关，还和修饰关系有关，上述表示的是领属关系，因为前面例（94）a 句中由左至右的定语是层层领属关系，而非并列定语关系，所以不能随意移动，但是汉语的左分支名词结构限制中如果是指人名词，左侧的成分就有可能分段移出，如例（95）b 句；而且也还可能移出右侧的中心语成分，如例（96）b 句：

（95）a. 他只看过《红楼梦》前 20 回。

b. 《红楼梦》他只看过前 20 回。

（96）a. 你最好买新鲜点的蔬菜。

b. 蔬菜你最好买新鲜点的。

对于定语的易位现象前人早已有了深入的研究，但是定语是否发生了和主语、宾语、状语类似的易位现象却一直没有定论，原因之一是定语后置至句尾之后不是弱化语义，而是在语义上更加醒目和强调，并且句尾的定语带有描述性，和谓语的功能相重合。我们认为，虽然定语漂移和其他几类句子成分的漂移在表达效果上有所差别，但是都属于漂移现象，都可以用语音形式移位进行统一解释。定语的漂移现象中，较为突出的有三类：“X 的”做定语漂移，数量短语做定语漂移，定状互易。我们通过对语言事实的分析考察，总结出了定语漂移所要遵循的限制条件，明确了定词漂移的操作规则，从而使我们对漂移理论研究有了更进一步的认识。

第六章　状语漂移

第一节　状语漂移的前人研究

在生成语法的句法结构中，状语和定语一样，都属于附加语，起修饰限定作用，只是状语修饰的成分是谓词，定语修饰的成分是体词。何元建（2011：196）指出，在动词短语中，附加语位置一般是留给动词的修饰语的，如状语之类，而状语之类的成分通常不算作题元成分。邢福义（2011：245）定义状语为，状语一般用在动词或形容词性词语前边；有时也用在主语前边，对全句起修饰作用。何元建（2011：201-202）指出，在句法结构上，只要在修饰动词，它就是状语，就是动词的附加语，比如副词短语做修饰语，结构如下：

（1）他好好吃了一顿。

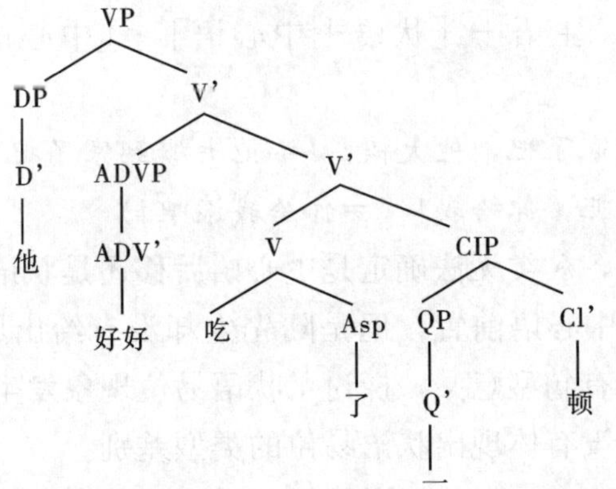

修饰语的类型包括形容词短语做修饰语（如：他悄悄地跑了出来）、介词短语做修饰语（如：他在北京工作）、动词之前的动词短语做修饰语（如：他坐火车来）、动词之后的动词短语做修饰语（如：他打电话叫医生）。其中，副词、形容词短语和介词短语做状语在学界是争论较

少的观点，这也是我们将要主要考察的状语类型。

对于状语在句中的位置问题，前人很早就发现这个问题并进行了深入的研究。邢福义（2011：245）指出，有些状语可以位于句首，修饰的是全句，也可以移到主语的后边；有些状语可以放在被修饰的中心语后边，成为状语后置的句式。例如：

（2）如果我能够，我要写下我的悔恨和悲哀，[为子君]，[为自己]。（鲁迅《伤逝》）

邢福义先生指出，状语后置，可以突出状语所表达的内容，并且状语都可以无条件地还原到被修饰的中心语前边。

陆俭明（1980）较早指出状语和中心语之间有易位现象，并对此进行了分类研究，他根据主语不同，将状语和中心语之间的易位现象分为三种类型，如：

A. 无主句：状语＋中心语→中心语，状语。例如：

（3）下班了，已经？（＝已经下班了？）

（4）买了没有，给我？（＝给我买了没有？）

B. 主谓句：主语＋［状语＋中心语］→主语＋［中心语］，［状语］。例如：

（5）他们走了，都。（＝他们都走了。）

（6）我鞠了个躬，给他。（＝我给他鞠了个躬。）

C. 主谓句：主语＋［状语＋中心语］→［中心语］，主语＋［状语］。例如：

（7）到家了吧，他大概。（＝他大概到家了吧。）

（8）滚吧，你给我！（＝你给我滚吧！）

陆俭明指出，A类无法确定是中心语后移还是状语前置，B类是状语后移，C类是中心语前置，但是陆先生却没有给出原因。我们认为，上述这种分类很有句型意义，探讨了状语易位现象发生在不同句型之间的差别，但是却没有体现出状语易位的类型差别。

除了陆俭明（1980）比较详细地探讨了能够易位的状语仅限于某些副词和某些介词结构外，其他学者对于状语易位现象也持不同的观点，陈建民（1984：216）认为形容词状语可以居后，也可以居前；张静（1987：491）认为有些做状语的时间名词可以发生前移，如“夜间，我们又谈些闲天”。

何元建（2011：202）指出，做状语的修饰语成分也可以出现在句首，比如：

（9）悄悄地，他跑了出来。

（10）对你，他有意见。

何元建认为，“悄悄地”和“对你”是修饰语成分直接生成在句首，跟动词短语没有关系。原因有二，第一，句首的副词性修饰语修饰整个句子。比如，“他［悄悄地］跑了出来”，主要是说“跑出来”的动作是“悄悄的”；而“悄悄地，他跑了出来”则可能有“［他跑出来］这件事情是悄悄的”，即对整个句子有了修饰作用。这说明句首的副词性修饰语可能跟动词短语没有关系，是直接生成在句首的。第二，句首的介词短语常有标记动词宾语的作用。

Ernst & Wang（1995）观察到，汉语中有些副词可以出现在主语之前，也可以出现在主语之后，而另一些副词只能出现在主语之后，不能出现在主语之前，如下例中“一直”和“已经”都不能位于主语之前：

（11）a. 他们显然不同意。　　　b. 显然他们不同意。

（12）a. 小兰一直不看电影。　　b. *一直小兰不看电影。

（13）a. 他已经穿好了大衣。　　b. *已经他穿好了大衣。

Ernst & Wang（1995：238）指出，可以对副词位置进行微调。例如可以让“显然”出现在主语之后，然后再移到前面去。

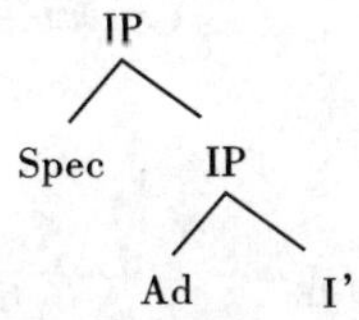

但是，我们认为这类副词不能前移到主语前的原因和副词本身的词汇特征（lexical property）有关，汉语和英语中均有这类现象，即不论是汉语还是英语，只要语义内容和特征相同，在句中的位置限制条件就相同，如：“obviously”和“显然的”，都常放在句首；但是“always”“already”和“经常”“已经”不能放在主语前，因为它们是对于一个具体行为动作的限定，而“显然”是对整体情况和事实的评价，自身的语义范围决定自己的语法位置。

除了传统语法和生成语法关注状语位置的变化外，当代类型学研究也对世界语言中的状语位置总结出了一些共性。Greenberg（1966）指出，在以 SOV 为优势语序的语言中，如果没有替换语序，或仅有 OSV 为替换语序，那么动词所带的一切状语都处于动词之前。Tomlin（1986）指出，语法补足语（grammatical complements）应比附加成分（adjuncts）更靠近它们的核心。所以在 OV 语序的语言中，状语的位置比较灵活，可前可后，没有特别强的倾向性。汉语是 SVO 型语言。郭中（2013）指出，我国一些少数民族语序类型和汉语相同，但是在某些状语位置却不同，在少数民族语言中，当状语是由表示“先/后”“很/极”“不”等几个概念的时间副词、程度副词和否定副词来充当的时候，往往可以后置，而不管动词是及物动词还是不及物动词，甚至有的还必须后置，这样的语言有：

（14）tɛ^{11} pa^{44} noŋ^{35} naŋ^{55} qoŋ^{35} poŋ^{44} va^{44}. （苗语）
只 猪 这 吃 食 很
这只猪很能吃食。

（15）ma^{2} pai^{1} baːŋ^{1}. （拉珈语）
你 去 先
你先去。

（16）xen^{33} tɕʻi^{55} ni^{31} ɔ^{33} a^{33}. （仡佬语）
位 人 这 好 不
这个人不好。

（17）tsi^{1} taŋ^{2} ɬa^{3}. （拉珈语）
我 来 后。
我后来。

（18）mai^{2} di^{1} tɯək^{7}. （京语）
你 去 先
你先去。

郭中（2013）指出，除了某些少数民族语言，如京语中的“先”tɯək^{7}、“后”thau^{1}、“很”lam^{5} 几个副词做状语时只能用在中心词后外，其他少数民族语言中的状语后置属于可选性后置，粤语和客家话中“先”也是出现在动词之后（如：你走先），英语中也存在状语在句中位置比较灵活的现象，如：

（19）a. The person who cheats others ultimately cheating himself.

b. The person who cheats others cheating himself ultimately.（乔世馨 1994）

其中的副词“ultimately”既可以位于动名词之前，也可以位于动名词之后，位置比较灵活。

第二节　状语漂移的性质

状语主要是动词的附加语，修饰限制动词性成分，但是状语的位置不局限在动词之前。例如：

（20）a. 张三大概走了。　　b. 张三走了，大概。

c. 大概张三走了。

“大概”虽然既可以位于主语前，也可以位于句尾，但是不论状语的位置在哪，句子基本语义和句法结构关系没有发生变化，并不会因为“大概”位于主语“张三”前面就会被认定为定语，“大概”仍然属于状语。对于状语在句法结构中的原位，何元建（2011：44-45）指出，汉语中不论状语有多少个，基本位置都是位于动词中心语之前，如“老师大概也还会来”句中的三个状语“大概”“也”“还”结构上仍是附加语，结构如下：

（21）老师大概也会来。

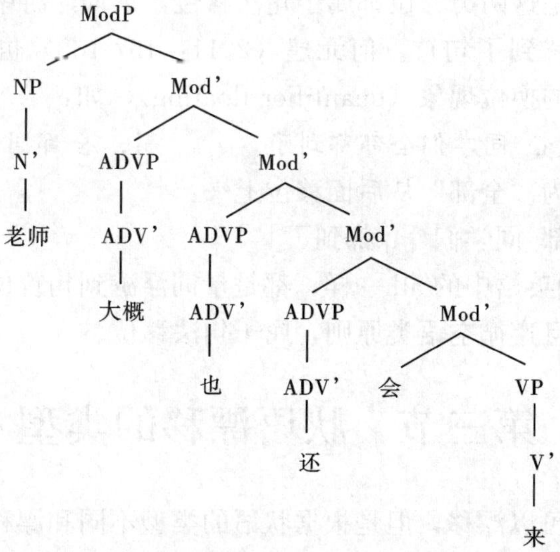

所以，我们认为，作为附加语的“大概”这类移位不属于句法移

位，同时因为实际线性位置发生了变化，也不属于逻辑形式移位，我们认为，状语的这类移位属于语音形式移位。

和状语漂移类似的有几种移位类型，看起来和状语漂移是同一种现象，但实际不属于状语漂移的范畴。第一种是生成语法中的量词（quantifier）和汉语中范围副词做状语情况相对应的现象。如英语中的“all”相当于汉语中的“都”，汉语和英语相类似的一点是“all”和“都”都能移位到不同的位置，但是二者可以移至的位置不同，生成语法中将这类移位定义为量词浮游（quantifier-floating）。戴维·克里斯特尔（2000：294）定义量词浮游是用来处理句子中量词的游移特性，如句中的“all”可以浮游到句首位置：

（22）a. All the people arrived.

b. The people all arrived.

第二种是量词提升（quantifier-rasing）现象。戴维·克里斯特尔（2000：294）指出，量词提升是管辖与约束理论提出的一种变化，适合用于从S-结构到逻辑形式的映现，将如“everyone”“每个人”这样的量化名词短语移至小句首的位置，从而使结构与逻辑上假设的结构相似。虽然生成语法中的“量词”概念和汉语中的范围副词部分重合，但是“everyone”“每个人”之类的量词在汉语中不能充当状语，所以不属于我们讨论的范围。此外，排除量词漂移和量词提升不是状语漂移的最重要的原因是这两类移位都属于句法移位，量词浮游中“all”是从动词前的位置前移到了句首。何元建（2011：167-168）也指出，汉语中也有范围副词的换位现象（quantifier-floating），如：

（23）a. 同学们全部都到了。　　b. 全部同学们都到了。

生成过程为“全部”从后面移位上来：

［全部$_i$ 同学们［t_i 都到了］］

“全部”和英语中的all一样，都是量词浮游到句首位置，这种移位是左向的，并且遵循空语类原则，属于句法移位。

第三节　状语漂移的类型

状语虽然可以漂移，但是根据状语的类型不同和漂移限制不同，状语漂移也可以分为不同的类别。对于哪些状语可以漂移，陆俭明（1980）指出，不是所有的状语和中心语都能发生易位现象。能易位的只限于某些副词和某些介词结构充任的状语。对于单音节副词，只有下列七个副词做状语时能跟中心语发生易位现象，这七个副词是“都”“还”“就”“快”“又”“在”“正”。例如：

(24) 快起床吧，八点了，都！

(25) 你明天看吗，还？

(26) 少先队员呢，还！

(27) 怎么？你走了，就？

(28) 电影开演了，快。

(29) 你游泳了，又？

(30) 下棋呢，在。

(31) 先别走，外边儿下雨呢，正。

陆先生基于真实的语料，指出这几个单音节状语都可以后置，并对其表达语气和语义做了详细的说明，事实上，以上的副词可以分别归入不同的类，例如“都”属于程度副词，“还”“又”属于频率副词，“就”“快”“正”“在”属于时间副词，有些副词在句尾还兼有表示语气的功能。同时，陆俭明也总结了可以易位的双音节副词，做状语时能跟中心语发生易位现象的比单音节副词略多些，如“大概、也许、大约、多半、到底、反正、恐怕、简直、已经、正在、逐渐、好歹、忽然、居然、索性、幸亏、幸好”等。

我们分析陆先生列举的做状语时可以易位到句尾的双音节副词，总体上可以分为两类：第一类是语气副词，包括“大概、也许、大约、多半、到底、反正、恐怕、简直、居然、好歹、索性、幸亏、幸好”，这也是数量最多的可后置副词类型；第二类是时间副词，包括“已经、正在、逐渐、忽然”。这两类副词做状语时可以轻易地易位到句尾，也可以轻易地恢复原位。虽然陆先生已经较为详尽地列举了可以易位的副词，但是对这些副词易位的限制规则却没有给予说明。我们将在前人研究基础上对状语漂移的类型和限制条件做进一步的分类和说明。状语漂移现象主要包括下面几类，例如：

(32) 你明天看吗，还？(陆俭明 1980)

(33) 我妈妈回来了，从四川。(陆俭明 1980)

(34) 六十二啦，都。(陈建民 1984a)

(35) 他放开了脚步，慢慢悠悠的。(陈建民 1984a)

上述所列出的案例基本包含了可漂移状语的类型，包括：副词做状语漂移、介词短语做状语漂移、形容词短语做状语漂移，其中介词短语做状语的情况和漂移限制在第四章中已经有所探讨，“慢慢悠悠的”这里我们看作是定语后置漂移而非状语漂移，原句可以恢复为“他放开了慢慢悠悠的脚步”。此外，定状易位现象在定语漂移中有所涉及，所以本章主要考察副词做状语漂移和时地短语做状语漂移的情况。

一、副词做状语漂移

陈建民（1984a：217）指出句尾副词属于追加现象，副词在意念上也是先发小句的状语，如：

(36) 他们没来呢还。

(37) 六十二啦都。

(38) 老舍让我当小队长啦快。

(39) 他逗你，老是。

(40) 小宇没回家，准是。

(41) 拿香皂到外边洗，趁早。

(42) 你可不要着急呀，千万。

(43) 重新画一张，干脆！

(44) 我妹妹在这儿住了七天，一共。

同时，陈建民（1984a：218）也明确指出，追加成分不等于追加小句，从语法上讲，追加成分就是对前面起补充作用的后置成分，是顺便带出来的，不能算严格意义上的追加。因此我们认为，以上这些所谓的“追加”副词其实是从前面的附加语位置漂移到句尾的，并且这些副词主要分为这几类：语气副词（如：准是、千万、干脆）、时间副词（如：快、趁早）、频率副词（如：还、老是）、程度副词（如：都）、范围副词（如：一共）。但他只列举了其中一部分可以后置漂移的副词，下面我们将全面考察副词漂移的情况。

（一）副词漂移的类别

副词可以做状语基本上已经成为一个判定副词词性的必要条件，对于副词的分类，不同的学者也有不同的分类。张谊生（2000：22）指出，从马建忠《马氏文通》开始，一直到当代影响较大的几本《现代汉语》教材，对副词的分类都不尽相同，但是差异只是对于个别现象，对于基本情况的分类是大同小异的。在各家分类中，共同的类别是：程度副词、范围副词、时间副词和否定副词。我们以邢福义（2011）对副词的分类为依据分类考察副词漂移的特点。邢福义（2011：208）指出，绝大多数副词能充当状语，副词大致分为以下几类：①程度副词（如：很、非常、十分、特别）；②范围副词（如：都、只、共、仅）；③时间副词（如：就、才、正、在、正在）；④频率副词（如：又、再、还、也、屡次）；⑤否定副词（如：没、没有、不、别、未）；⑥语气副词（如：的确、也许、大概、必定）；⑦关联副词（如：却、就、又、才）。

其中，否定副词是特殊的一类，在传统语法中，否定成分一般被看作副词，在句中充当状语，但是我们认为否定成分和其他的副词不同。一方面，朱德熙（2010：192）指出，副词和形容词的一个显著区别是：形容词是自由的，可以单独成句，但是副词是黏着的，不能单独成句，但是朱先生又指出，副词“不”“也许”等是例外，这就显示出了否定副词包括语气副词的特殊性；另一方面，否定的范围不止局限于谓语中心语，还包括整个句子，所以生成语法中将否定单独列出来作为一类Neg（negtive）。何元建（2011：103）将否定词列为单独的词类，视为和其他词类并列的一种词类。否定词在句法结构中的位置也要高于副词，如“老张没有再来”的句法结构如下：

（45）老张没有再来。

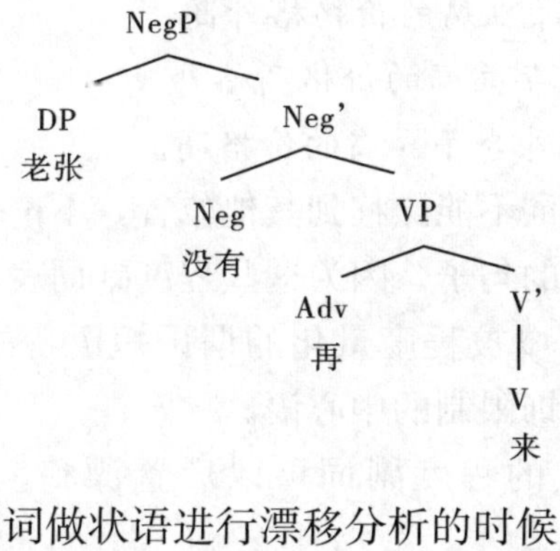

所以，我们对副词做状语进行漂移分析的时候，将否定副词排除在外。此外，邢福义（2011：208）指出，同一个副词在不同句子中属于不同类的副词，如“就”在不同情况下分别可以归为时间副词、范围副词、语气副词和关联副词，下面我们按照传统语法对于副词的分类进行考察。

（二）副词漂移的类别特点

1. 程度副词漂移特点

首先，程度副词一般不能前置或者后置漂移，如：

（46）a. 他现在很着急。 b. *他现在着急很。
c. *很他现在着急。

（47）a. 他的女儿十分乖巧。 b. *他的女儿乖巧十分。
c. *十分他的女儿乖巧。

（48）a. 这个孩子比较懂事。 b. ？这个孩子懂事比较。
c. *比较这个孩子懂事。

（49）a. 他家极有钱。 b. *他家有钱极。
c. *极他家有钱。

（50）a. 邻居家最热闹。 b. *邻居家热闹最。
c. *最邻居家热闹。

（51）a. 今年经济特别不景气。 b. *今年经济不景气特别。
c. *特别今年经济不景气。

（52）a. 张老师的儿子非常懂礼貌。
b. *张老师的儿子懂礼貌非常。
c. *非常张老师的儿子懂礼貌。

（53）a. 今年豆腐的价格格外高。
b. *今年豆腐的价格高格外。
c. *格外今年豆腐的价格高。

以上几类程度副词不能漂移到其他位置，不论是漂移至句首还是句尾，都产出了不合法的句子。因为这些程度副词表示量级，后面一般修饰限制形容词或是可以被程度量化的谓词短语，如果后置或者前置漂移，则离开了所要修饰限制的中心语。

其次，兼表语气的程度副词可以后置漂移，但是同样不能前置漂移。

经过考察发现，“越发”“略微”“稍微”这几个程度副词后置漂移之后的句子可接受度要比前置漂移至句首的句子可接受度高，如：

（54）a. 年龄越大，我越发不舍得离开家。
b. ？年龄越大，我不舍得离开家越发。
c. *年龄越大，越发我不舍得离开家。

（55）a. 过了年，她略微吃胖了一点。

b.？过了年，她吃胖了一点略微。

c. *过了年，略微她吃胖了一点。

（56）a. 整天灰头土脸的，你稍微打扮一下吧。

b.？整天灰头土脸的，你打扮一下吧稍微。

c. *整天灰头土脸的，稍微你打扮一下吧。

（57）a. 一直在忙，我停不下来根本就。（《央视新闻》中采访护士）

b. *一直在忙，根本就我停不下来。

以上几例呈规律性的特点是：在口语中可以接受后置漂移，但是完全不能接受前置漂移，例（57）中“根本”在这里等同于“简直”的含义，表达忙的程度之高。之所以“越发”“稍微”“略微”“根本”可以后置到VP后，是因为这三个程度副词是整个VP的附加语，后置漂移到句尾不仅表达程度，还表达语气，这是这类程度副词可以后置漂移的根本原因。

2. 范围副词漂移特点

首先，范围副词一般都可以后置漂移到句尾，如：

（58）a. 我妹妹在这儿一共住了七天。

b. 我妹妹在这儿住了七天，一共。

c. *一共我妹妹在这儿住了七天。

（59）a. 这些文件你统统拿走。

b. 这些文件你拿走统统。

c. *统统这些文件你拿走。

（60）a. 我们大家一齐喊加油。

b. 我们大家喊加油一齐。

c. *一齐我们大家喊加油。

（61）a. 我们公司总共招了六人。

b. 我们公司招了六人总共。

c.？总共我们公司招了六人。

（62）a. 机器人仅仅回答了一个问题。

b. 机器人回答了一个问题仅仅。

c. *仅仅机器人回答了一个问题。

（63）a. 乒乓球队队员全都到了吗？

b. 乒乓球队队员到了吗，全都？

c. *全都乒乓球队队员到了吗？

其次，单音节和表否定的范围副词不能后置漂移，也不能前置漂移。

并非所有范围副词都能后置漂移，下面这些单音节和否定的范围副词不能后置漂移，和双音节相同，也不能前置漂移，如：

（64）a. 收银员只给了一张发票。

b. *收银员给了一张发票只。

c. *只收银员给了一张发票。

（65）a. 一年的存款仅有五百块钱。

b. *一年的存款有五百块钱仅。

c. *仅一年的存款有五百块钱。

（66）a. 上课讲过的内容一概不提醒。

b. *上课讲过的内容不提醒一概。

c. *一概上课讲过的内容不提醒。

由上例可以看出，范围副词“只”“仅”“一概”不能后置漂移到句尾，也不能前置漂移到句首，虽然句子可以说得通，但是却和原句的意思差别很大。“只”“仅”不仅能出现在谓词前，同时也能修饰限制名词短语，“一概”只用于否定句。

范围副词有一个显著特点，就是限定紧邻其后的中心语的范围，如：

（67）a. 今天上午共送了五百个快递。

b. 今天上午送了共五百个快递。

c. 共三百个企业家参加了慈善晚会。

例（67）a句中“共”是属于其后动词短语的修饰语，例（67）b句中“共”是宾语名词短语的修饰语，例中“共”是主语名词短语的修饰语，这种范围副词还包括“只”“仅”。张谊生（2000：27）也指出，程度副词相对于其他副词黏附性更强，任何一个程度副词都不能单用和单说。

对于“都”这个复杂的范围副词，朱德熙（2010）、邢福义（2011）和张谊生（2000）都将其归类为范围副词，其漂移规律也和一般的范围副词相同，如：

（68）a. 全班都去了。

b. *全班去了都。

c. *都全班去了。

这种情况下的“都”表示范围，可以归为范围副词，作为范围副词的“都”不能随意漂移，不能离开所要限定范围的成分。

但实际情况要更加复杂，下列用法中“都”可以自由地后置漂移到句尾，如：

（69）快起床吧，八点了，都！（陆俭明 1980）

（70）六十二啦都。（陈建民 1984a）

这里的“都”不表示范围，表示“已经”的含义，强调时间之晚，岁数之大，有显示程度之深的含义。

（71）不嫌寒碜都。（张伯江、方梅 1996：30）

（72）这房子也是我们单位刚分的我，过去没家都。（张伯江、方梅 1996：33）

这两例的“都”都表示“甚至”的含义，和上面两例表示“已经”的“都”同属一类，都表示程度之深，这类“都”都可以自由地后置漂移到句尾，和表示范围的“都”在漂移特点和语义表达上都明显区分开来。

3. 时间副词漂移特点

我们发现，所有时间副词都能漂移到句尾，这是时间副词的共性，但是根据漂移限制的不同，我们区分了两类时间副词：表时态的时间副词和表情况变化时间的时间副词。

首先，表示时态的时间副词只能后置漂移到句尾，不能前置漂移到主语之前的位置，如：

（73）a. 电影快开演了。

b. 电影开演了快。

c. *快电影开演了。

（74）a. 老刘在下棋呢。

b. 老刘下棋呢，在。

c. *在老刘下棋呢。

（75）a. 先别走，外边儿正下雨呢。

b. 先别走，外边儿下雨呢，正。

c. * 先别走，正外边儿下雨呢。

(76) a. 演员正在排练呢。

b. 演员排练呢，正在。

c. * 正在演员排练呢。

(77) a. 我觉得已经很好了，不用这么苛求。

b. 我觉得很好了已经，不用这么苛求。(CCL)

c. * 已经我觉得很好了，不用这么苛求。

之所以“快”“正”“在”“正在”“已经”不能前置漂移到句首主语前位置，是由词的性质和词汇特征决定的。“快”“正”“在”“已经”在句中不仅仅是时间副词，而且还表示时态：“快”标记将来时，“正”“在”“正在”标记现在进行时，“已经”标记完成时。在生成语法的句法结构中，IP分解为两个功能性投射AgrP（agreement phrase）和TP（tense phrase），表时态的成分属于TP成分的核心T，生成语法认为这类成分可以后置漂移到句尾的原因，正与黄正德等（2013：104）的观点不谋而合，黄正德认为完成体标志“了”是一个词缀，是体短语的中心语，位于Asp位置，位置高于动词，但是成句之后“了”却位于动词后的位置，黄正德认为，“了”是降落（lower）到了动词后的位置，这是发生在语音层的移位，这里的表示时态的“快”“正”“在”“正在”“已经”也是同样的情况，也是在语音层移位到了句尾的位置，和“了”唯一的不同在于，这些时态标记可以选择是否漂移，这种移位是可选的。

其次，表示情况变化时间的时间副词既能后置漂移，也能前置漂移。

不是所有的时间副词都和表时态的时间副词情况相同，经过考察发现，一部分时间副词可以表示情况变化时间，既可以漂移到句尾，也可以漂移到句首，位于全句最高的嫁接位置，如：

(78) a. 自卑的孩子往往没有主见。

b. 自卑的孩子没有主见往往。

c. 往往自卑的孩子没有主见。

(79) a. 她曾经说过你的坏话。

b. 她说过你的坏话曾经。

c. 曾经她说过你的坏话。

(80) a. 村里偶尔会有人路过。

b. 村里会有人路过偶尔。

c. 偶尔村里会有人路过。

(81) a. 他老是一个人做决定。

b. 他一个人做决定，老是。

c. 老是他一个人做决定。

(82) a. 录取通知书终于寄来了。

b. 录取通知书寄来了终于。

c. 终于录取通知书寄来了。

(83) a. 她始终不明白我们的良苦用心。

b. 她不明白我们的良苦用心，始终。

c. 始终她不明白我们的良苦用心。

(84) a. 教室里忽然断电了。

b. 教室里断电了忽然。

c. 忽然教室里断电了。

(85) a. 你趁早拿香皂到外边洗。

b. 你拿香皂到外边洗，趁早。

c. 她知道我还没有跟你通话，催我快打电话，说趁早你还没有定座，我说定了座就去吃，有什么大关系。(CCL)

(86) a. 妈妈一直陪着我。

b. 妈妈陪着我一直。

c. 高城：嗯。一直他做出什么来我都瞧不上。(CCL)

上面所列出的副词“往往”“曾经”“偶尔”“终于”“忽然”“趁早”“一直”在句法结构中仍然位于附加语位置，不属于表示时态的TP，做状语都既能后置漂移到句尾，又能前置漂移到句首，其中，“偶尔”“老是”有的学者将其归类为频率副词，我们认为这种观点确实有语义上的依据，“偶尔”表达的就是事件发生的次数极低，“老是”表达的就是事件发生的次数多，但是通过考察我们发现，“偶尔”也表示“有时候”的含义，表达在某个时间点会发生某种事件。更为重要的是，频率副词一般都不能前置漂移，但是“偶尔”和“老是”表现出来的漂移规律和时间副词完全吻合，既可以前置漂移，也可以后置漂移。张谊生(2000：61)将表频副词归为时间副词的一个次类，也说明了二者的联系非常紧密，所以我们仍将“偶尔”归类为时间副词。另外，石定栩、孙嘉铭（2016）认为“往往”是概率副词，不属于时间副词或是频率副词，虽然根据词义归入不同的类别，但是漂移的规律、限制和一般时间副词相同。和上述副词漂移条件相同的还有“现在”“刚才”“永远”等时间名词，如：

（87）你一定会饿的晚上。

（88）我不想结婚现在。（张伯江、方梅 1996：31）

（89）对不起，周华，我太急了点刚才。（张伯江、方梅 1996：31）

（90）随便你走到哪儿，我都和你在一起，永远，永远！（陈建民 1984b）

（91）吃的是稀饭跟糖花卷儿早晨。（孟琮 1982）

孟琮（1982）指出，例（91）属于时间名词后移现象，同样可以后移的还有处所名词，如：

（92）注意有车前边儿！（孟琮 1982）

可以看出，时间名词和处所名词一样，都可以后置漂移，所以我们认为，以上这类词具有同样的漂移特点，都可以漂移至句尾，也可以漂移至主语前的位置。

4. 频率副词漂移特点

张谊生（2000：61）将频率副词归为时间副词的一个次类，可以看出二者有天然的联系，在分析其漂移限制的时候，我们也发现二者有很多的共同点。

首先，频率副词做状语，一般都可以后置漂移到句尾，但是不能前置漂移到主语前的嫁接位置，如：

（93）a. 你又游泳了？

b. 你游泳了，又？

c. * 又你游泳了？

（94）a. 你再吃一碗吧。

b. 你吃一碗吧再。

c. * 再你吃一碗吧。

（95）a. 爸爸再三交代，一定要照顾好自己。

b. 爸爸交代再三，一定要照顾好自己。

c. * 再三爸爸交代，一定要照顾好自己。

（96）a. 等我一下，我也该走了。

b. 等我一下，我该走了也。

c. *等我一下，也我该走了。

以上几类“又”“再”“也”“再三”频率副词表现出来的漂移特点相同，这类副词都可以后置漂移到句尾，但是都不能前置漂移到句首主语前的位置。

频率副词包括“还”，但是“还”的语义类型较复杂，可以不只表达一种内涵。丁声树（1961）将其分为五类义项；可以分别归入不同的副词类型；赵元任（1979）将其分为四类；分类最细的是吕叔湘（1980），将其按照语气分为四大类，再在此基础上分为十三个义项。可以看出，归为频率副词中的“还”只是其众多用法中的一种，我们总结出“还”大致有以下几类用法，不同的语义类型其漂移限制也不同，如：

$还_1$＝再次、同样，如：

(97) 你明天看吗，还？

这里的“还”属于频率副词，表示事件发生的次数，可以后置漂移，不能前置漂移。

$还_2$＝更，表示比较，属于程度副词，如：

(98) 比他父亲考得还好。

(99) 她比白种人还白。

这类“还”不能发生漂移现象。

$还_3$＝连……都、尚且，如：

(100) 往往多数婚姻都没爱情呢——还！（张伯江、方梅 1996：33）

(101) 少先队员呢，还！（陆俭明 1980）

这类“还”属于语气副词，表示不满的语气，“还”漂移至句尾是非常自然的用法，但是不能前置到主语前位置。

$还_4$＝仍然、到现在，如：

(102) 现在还叫羊角胡同。

(103) 他们没来呢还。

(104) 小时候还记得点儿，现在忘完了。

这类“还”属于时间副词，表示到现在为止仍然持续的事件，可以后置漂移，不能前置漂移。

$还_5$＝并且，如：

（105）我还不经常出门，因为我老没时间。

上例中的“还”表示除此之外的补充，属于关联副词，可以后置漂移到句尾，不能前置漂移至主语前。

总之，不论“还”属于哪一类型的副词，其共同点都是不能前置漂移，唯一的差别就是有的类型可以后置漂移，有的类型不能漂移。作为频率副词的“还”和上面列出的“又”“再”“也”“老是”“再三”等频率副词具有相同的漂移特性，都是可以后置漂移，不能前置漂移。

其次，不是所有的频率副词都能后置漂移，书面语体中的频率副词不能漂移，如：

（106）a. 队员们屡次出现失误。

b. *队员们出现失误屡次。

c. *屡次队员们出现失误。

（107）a. 班主任一再强调纪律。

b. *班主任强调纪律一再。

c. *一再班主任强调纪律。

“屡次”和“一再”的共同点是它们都属于书面语体的词语，而漂移绝大多数情况是发生在口语中，所以这类书面语体的频率副词不能漂移，虽然漂移之后的语义可以被人理解，但是句子的可接受度极低。

5. 语气副词漂移特点

语气副词表达的语气是属于全句的范畴，所以，语气副词是所有副词中漂移限制最小的一类。语气副词的漂移只有一个特点，即所有的语气副词都既能前置漂移，也能后置漂移，如：

（108）a. 她的确闹了一个笑话。

b. 我们大家都难受得很，的确。（罗耀华、齐春红 2007）

c. 的确她闹了一个笑话。

（109）a. 成功也许有很多标准。

b. 成功有很多标准也许。

c. 也许成功有很多标准。

（110）a. 我大概花了六个小时。

b. 我花了六个小时大概。

c. 大概我花了六个小时。

（111）a. 这其中必定有不为人知的原因。

b. 这其中有不为人知的原因必定。

c. 必定这其中有不为人知的原因。

(112) a. 钱几乎可以买来一切。

b. 钱可以买来一切几乎。

c. 几乎钱可以买来一切。

(113) a. 她简直丧失理智了。

b. 她丧失理智了简直。

c. 简直我不愿再提这回事了。(CCL)

(114) a. 小丽果然没有来参加考试。

b. 小丽没有来参加考试果然。

c. 果然小丽没有来参加考试。

(115) a. 我竟然在美国看到了小学同学。

b. 我在美国看到了小学同学竟然。

c. 竟然我在美国看到了小学同学。

(116) a. 大臣们居然听了他的话。

b. 大臣们听了他的话居然。

c. 居然大臣们听了他的话。

(117) a. 王蒙幸亏听了妻子的话。

b. 王蒙听了妻子的话幸亏。

c. 幸亏王蒙听了妻子的话。

(118) a. 认真审题其实节省了时间。

b. 认真审题节省了时间其实。

c. 其实认真审题节省了时间。

(119) a. 王杰难道去北京了吗?

b. 王杰去北京了吗难道?

c. 难道王杰去北京了吗?

(120) a. 对方论据反倒证明了我的观点。

b. 对方论据证明了我的观点反倒。

c. 反倒对方论据证明了我的观点。

除此之外,我们认为下列副词也属于语气副词,如:

(121) 我干什么了究竟?(张伯江、方梅 1996:30)

(122) 不关自己的事反正。(张伯江、方梅 1996:30)

(123) 怎么都不说话?好看么倒是?(张伯江、方梅 1996:29)

（124）老范，我认为你就应该评二级——至少！（张伯江、方梅 1996：33）

（125）明明你错了，为什么不承认呢？

（126）他已经走了，也许。

（127）小宇没回家，准是。

（128）露露，你给我当伴娘，一定。

（129）你可不要着急呀，千万。

上述副词“究竟”“反正”“倒是”“至少”“明明”“也许”“准是”“一定”“千万”都是属于全句的修饰语，可以前置漂移到句首，也可以后置漂移到句尾。其中对于“明明”的副词类型，匡鹏飞（2011）明确指出，“明明”属于语气副词，这也与“明明”表现出来的漂移特点相吻合。

汉语中的语气词和语气副词有一个共性，就是都可以位于句尾的位置，我们认为，这是由于人的思维模式决定的，思维具有流动性，在人类思维模式中，表达语气的成分一般位置较为靠后，由思维生成到语言的语音层，语序需要重组，这个过程受到思维、语用等各个即时交流因素的影响。

6. 关联副词漂移特点

关联副词是一类特殊的副词，这类副词表示承接转折关系，和篇章联系较为紧密，所以根据自身的语义范围可以分为两类：一类是作为句间承接或转折的关联词，一类是作为句内动作行为承接或转折的关联词。前一类我们将其称为篇章关联副词，后一类称为句中关联副词。二者的漂移特点有很明显的差别。

首先，篇章关联副词可以后置漂移，但不能前置漂移，如：

（130）a. 她考试前却生病了。

b. 她考试前生病了却。

（131）a. 她没素质，还指责别人。

b. 她没素质，指责别人还。

（132）a. 我也不知道这件事。

b. 我不知道这件事也。

（133）怎么？你走了，就？（陆俭明 1980）

“却”“还”“也”“就”承接和转折的是两个小句之间的关系，和复句中的关联词有天然的联系，这类关联副词发挥作用的范围是整个小句，所以可以漂移至句尾。

其次，句中关联副词既不能后置漂移，也不能前置漂移，如：

（134）a. 她唱歌又跳舞。

b. *她唱歌跳舞又。

（135）a. 我写完论文才回家。

b. *我写完论文回家才。

句中关联副词联系的是句中两个动作之间的相承或者转折关系，不涉及整个小句，所以不能漂移出谓词短语的辖域。

（三）副词做状语漂移的生成过程

对于副词做状语漂移的生成过程，理论上来说有两种：一种是状语单独后移至句尾，另一种是状语位置不变，其他成分前移。

按照生成语法中移位理论的规定，移位只能是左向移位，但是，这种前移的方式存在两大弊端：首先，操作复杂，相比状语后移来说，前移的移位成本更大。更重要的是，被移位的不是最大句法投射 XP，甚至都不是任何层次合理投射的句法单位。所以状中倒装句只能是状语后移，而不会是状语不动，其他成分前移。此外，据我们观察漂移现象大多发生在口语中，口语的性质特点决定了口语体话语更加简洁，直截了当，句首突出主要信息，次要信息放在句尾补充说明；出现漂移现象是因为人在交谈中的思维是发展变化的，边思维边说话，不是先组织好话语再发音，所以思维语言往往是把 NP 和 VP 摆在更加重要的位置，一些功能性成分可以放在句尾说；语音形式移位不同于句法移位，不需要遵循向上向左移位规律，而应该遵循语用规律；最后，语气副词充当状语的情况也可以作为旁证，我们发现所有的语气副词都可以漂移至句尾，邢福义（2011：209）指出汉语中的语气副词有“的确、也许、大概、必定、几乎、简直、果然、竟然、居然、幸亏、其实、偏偏、难道、反倒”，这些词都可以放在句尾表追加语气功能。

二、时地短语做状语漂移

除了副词能做状语外，徐烈炯、刘丹青（1998：70）指出，句首的时间词、地点词不是话题而是状语。徐、刘（1998：71）认为当表示地点及时间的词语做状语时，它的结构位置是在 VP 之内：

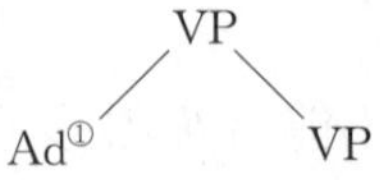

介词短语（prepositional phrase，简称 PP）做状语时也是位于动词短语前的位置：

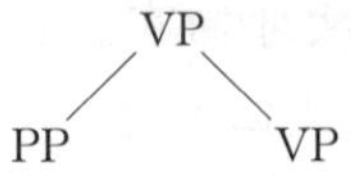

我们赞同徐、刘的观察与判断，认为时地短语充当状语，附加语 Ad 和介词短语 PP 都是嫁接到 VP 上的。徐、刘（1998：134）又指出，下列情况中时地短语做次话题，做次话题的时地成分很少用复指成分：

（136）a. 我 1985 年呢，考进了兰州大学。

b. *我 1985 年呢，在那一年考进了兰州大学。

（137）a. 我们在客厅里呢，只谈了些无关紧要的事。

b. *我们在客厅里呢，在那儿只谈了些无关紧要的事。

我们认为，当时地短语位于主语和谓语之间的位置上时，之所以不能复指，跟话题化没有关系，跟加不加“呢”也没有关系，而是因为谓头的位置就是时地状语的原位，当一个成分位于自己的原位时是无标记的，没有必要复指。

那么时地状语什么时候需要复指呢？只有当整个成分离开原位，漂移到其他位置上时，留下的同指语迹可以用同指代词来复指，如：

（138）a. 1985 年$_i$，我 t_i 考进了兰州大学。

b. 1985 年$_i$，我那一年$_i$ 考进了兰州大学。

（139）a. 在客厅里呢$_i$，我们 t_i 只谈了些无关紧要的事。

b. 在客厅里呢$_i$，我们在那儿$_i$ 只谈了些无关紧要的事。

所以，时地短语不能被复指的原因是谓头是它的原位。对于时地状语的漂移情况，我们发现，时地状语既可以前置漂移，也可以后置漂移，但实际上，只有两个位置可以接受时地状语，即句首的主语前位置和句尾的宾语后位置。

对于时地短语，还有一类特殊的句式，传统语法称为“存现句”，存现句的特点是由地点短语做主语。徐烈炯、刘丹青（1998：133）指出，汉语中的存现句句式主要就是以时间地点词语为话题的，通常没有

① Ad 表示附加成分（adjunct）。

主语，因此这类话题往往比其他句首时地词语更有资格被分析为主语，如：

(140) 桌子上放着一盆花。

(141) 大门口站满了看热闹的人。

(142) 明朝时，出过一个大清官叫海瑞。

(143) 树丛里，跳出来一只大老虎。

(144) 前几天，走了一位贵客。

我们认为，以上的存现句并没有发生漂移，因为时地状语的原位就在谓头，即动词前位置，存现句符合这个特点，只是汉语中缺少形式主语在句首，看起来这些时地状语位于句首做了话题。但是，如果这些成分位于句尾就是漂移，如：

(145) 放着一盆花，桌子上。

(146) 站满了看热闹的人大门口。

(147) 出过一个大清官叫海瑞，明朝时。

(148) 跳出来一只大老虎，树丛里。

(149) 走了一位贵客，前几天。

地点短语后置漂移之后有弱化作用，因为句首这个位置很重要也很特殊，在口语中，一般最重要的成分优先放在句首，最先说出来。

第四节　状语漂移的限制条件

对于状语漂移现象，我们主要探讨了两类成分做状语时的漂移情况：一类是副词做状语，这也是状语成分的主要来源；另一类是时地短语做状语。两类成分做状语时漂移的情况既有不同点，也有共同点。

一、副词做状语漂移限制条件

副词做状语漂移的限制条件有：①程度副词一般不能前置或者后置漂移；但是，兼表语气的程度副词可以后置漂移，但是同样不能前置漂移。②范围副词一般都可以后置漂移到句尾；但是，单音节和表否定的范围副词不能后置漂移，也不能前置漂移。③表示时态的时间副词只能后置漂移到句尾，不能前置漂移到主语之前的位置；但是，表示情况变化时间的时间副词既能后置漂移，也能前置漂移。④频率副词做状语，一般都可以后置漂移到句尾，但是不能前置漂移到主语前的嫁接位置，不是所有的频率副词都能后置漂移，书面语体的频率副词不能漂移。

⑤语气副词的漂移只有一个特点，即所有的语气副词都既能前置漂移，也能后置漂移。⑥篇章关联副词可以后置漂移，不能前置漂移；句中关联副词既不能后置漂移，也不能前置漂移。

综合以上所有副词类型做状语的情况，我们可以发现副词的总体特点非常明确：①遵循紧邻中心语原则，即程度副词、范围副词做状语，一定要位于紧邻中心语左边的位置，这类副词漂移限制也最多。对于时间副词、语气副词这种可以前置漂移，也可以后置漂移的情况，看起来不遵循紧邻中心语原则，但其实这是与时间副词和语气副词的中心语范围相关的，这类副词一般是作为全句的附加语，其中心语是整个小句，所以同样遵循紧邻中心语原则。②中心语为单音节词时，副词做状语不能后置漂移，如：

(150) 最美—*美最（程度副词）

(151) 都走—*走都（范围副词）

(152) 快来—*来快（时间副词）

(153) 又晕—*晕又（频率副词）

对于语气词和关联副词，这两类后面的中心语不会出现单音节词，所以同样也是遵守这个规律。③副词根据自身不同的语义范围决定可漂移的位置。前人对副词的分类基本上是按照语义类型进行的，同一个语义类型确实在句法表现上有许多的共同点，但是通过对副词做状语漂移位置的考察和总结，我们发现不同类型的副词做状语时在位置上有各自不同的特点，我们通过对副词可漂移位置的分析，对副词的性质有了进一步的认识，不同的副词类型能出现的位置不同，按照徐杰（2005）对句子的三个敏感位置的界定，副词常出现的三个位置和三个敏感位置相重合，分别是句首、谓头和句尾，如表 6-1 所示。

表 6-1 不同类型副词漂移的位置

副词类型	可漂移的位置
时间副词	常出现在句首
语气副词	常出现在句尾
频率副词、关联副词、程度副词、范围副词	常出现在谓头

此外，除了时间副词、关联副词、范围副词之外，程度副词、频率副词和语气副词都能表达语气，特别是当这些副词后置漂移到句尾的时候，如：

（154）太吹了吧也。

“也”属于频率副词，在这里表达不满的语气。

二、时地短语做状语漂移限制条件

时地短语做状语既可以前置漂移，也可以后置漂移，但实际上，只有两个位置可以接受时地状语，即句首的主语前位置和句尾的宾语后位置。

此外，通过能否复指，我们确定了时地短语的原位，为时地短语漂移的研究确定了基本位置。存现句的漂移情况也遵循复指原则，即不能被复指的时地短语所在的句法位置即为该成分的原位。存现句因为地点短语位于句首，所以只存在后置漂移情况。

何元建（2011：147）指出，状语移位的原因是，汉语状语成分的分布要受到所在短语中心语的“认可”（license）。我们赞同上述观察，发现状语漂移的限制条件和其与中心语的语义搭配息息相关，总体上，状语漂移的限制条件是，状语漂移不能越界。

状语是谓词前的修饰语，修饰语有其语义上搭配的被修饰成分，这个语义范围决定了状语的界限，如：

（155）a. 该奋斗的年纪。　　b. *奋斗的年纪该。

（156）a. 该奋斗了。　　b. 奋斗了该。

“该”是后面的动词的修饰语，不是后面的所有成分的修饰语，例（156）b句“该”跨越了自身漂移的界限，所以不合法。

此外，我们发现，几乎所有的副词类型和时地短语都能漂移至句尾位置，其中以语气副词最为典型，因为在口语中，语气副词自然地位于句尾。我们认为，句尾位置具有类似于一个垃圾桶的功能，在即时交流的语流中是一个所有次要成分的避难所，句尾成分只能接受那些非句子主干成分的信息，在句子中充当次要和修饰性的成分，只有这些成分才能被“扔”到句尾。

总之，状语漂移现象是所有漂移现象中出现频率较高的一种漂移类型，也是非常复杂的一种漂移类型，因为能充当状语的种类繁多，并且传统语法主要按照语义和句法位置来判定状语，可能所确定的状语这个范围内存在有其他性质的成分。本章选取了两类漂移频率较高的状语类型，即副词和时地短语来研究副词做状语和时地短语做状语，通过对两类漂移的基本情况和限制条件的分析考察，发现句中修饰语成分大部分都可以漂移，但是修饰语的漂移一定要在自身的语义范围内进行，跨越自身的修饰范围的漂移是不合法的。

第七章　结　论

移位理论是生成语法创立之初最为重要的理论之一，因此生成语法也被称作“转换生成语法”，其中的“转换”指的就是移位理论。最初移位的设想很简单，但随着理论的发展和事实的积累，移位理论也不断发展，逐渐形成了“倒 Y”模型，并将移位分为三个不同的层次，即从深层结构到表层结构的移位是句法移位，从表层结构到逻辑层的移位是逻辑形式移位，从表层结构到语音层的移位是语音形式移位。三种移位分别在不同转换区间内操作，因此在表现特点和遵循的原则方面有所差异。对于这三种移位类型，学界对句法移位的研究较为深入与透彻，逻辑形式移位以黄正德等学者在解释汉英疑问句研究方面做出的突出贡献为代表，但是学界对于语音形式移位的理论探讨不够，相关的论证和运用范围也非常有限。

事实上，不是所有的移位类型都能被句法移位和逻辑形式移位所解释和覆盖。有一些移位类型最初被认定为句法移位，但是没有明确的符合句法移位的特征，甚至还出现了违反句法移位相关移位操作原则的特性，这使学者们陷入了两难境地：要么修改理论，使其适应新的现象，要么不承认这种语言事实是移位现象，转而寻找其他解释方法，但也未能找到能统一解释所有同类现象的方法。

汉语中存在大量的这些无法被句法移位所解释的现象，最为典型的就是对话题句的分析，一个争论的核心就是话题的生成机制是什么，目前，关于这个问题的讨论基本上分为两派，即“基础生成说”和“移位说”。其中，“基础生成说”不同意“移位说”对于话题移位类型的判定，但却又无法确定话题移位属于什么类型的移位，因而采用“基础生成说”。话题的争论只是其中一个典型案例，事实上，任何汉语中临时性的移位对于句法移位理论来说都是一个挑战，但是汉语中有大量的临时移位现象，主语可以出现在句尾，谓语可以出现在句尾，宾语可以出现在句首，定语可以出现在句尾，状语可以出现在句尾，按照朴素的语感，这些语言事实可以判断为移位到了句尾或者句首位置，但是明显不属于句法移位和逻辑形式移位类型，我们结合语音形式移位理论，可以很好地解释汉语中这类不改变句法和语义的临时性移位，汉语中的这些漂移现象也证实了语音形式移位的存在与性质。汉语中漂移现象的限制条件根据漂移成分的不同而不同。

一、主语漂移

主语漂移的限制条件包括：①不论是词汇还是短语做主语，都不能拆分为部分进行漂移；②主语不论前置漂移还是后置漂移，原位都留有语迹，可以被同指代词复指；③只有两个位置可以接受主语漂移，一个是句首的嫁接标志语位置（Spec），一个是句尾的嫁接标志语位置，句中的其他位置都不允许接受主语漂移；④在嵌套小句中不允许主语和宾语同时漂移出原位；⑤汉语允许无主句，这是造成主语可以前置漂移和后置漂移的根本原因。

二、宾语漂移

首先，对于漂移位置的限制包括：①宾语不能移至其他的 NP 位置，如直接宾语不能前置到间接宾语前的位置，宾语不能移至主语位置；②宾语不能移至其他成分的附加语和中心语之间的位置；③宾语漂移只能降落在嫁接的 Spec 位置；④黏着成分前面不能被插入任何成分；⑤宾语不能漂移至从句内部，作为附加语的定语从句内部的宾语成分也不能漂移出从句的范围。

其次，对于漂移遵守的原则与规律是：①不能违反词语完整律；②遵循禁止介词悬空原则；③宾语漂移之后留下语迹，不受空语类原则限制。

最后，对于漂移成分的限定为：①宾语可以单独前置，附加语不一定都要伴随宾语漂移；②一般来说，只有受事宾语、结果宾语可以前置漂移，工具宾语、目标宾语不能前置漂移；③宾语前置句首时，原位一般要有同指代词复指，不然会产生歧义，如间接宾语句、心理动词句，但是有些空位不能被代词占位同指，如判断动词句、有无动词句；④一般来说，代词和无定指名词做宾语，宾语不能前置漂移。

三、谓词漂移

谓词漂移可分为谓宾动词、“V得”漂移、连词句漂移和兼语句漂移四类进行讨论：

首先，谓宾动词漂移限制条件为：①只有主语与小句的［PRO］同指时，谓宾动词才能单独后置漂移；②能愿动词只能后置漂移，不能前置漂移；③谓词不能漂移至小句或VP内部；④能愿动词漂移不能超出句子范围，能愿动词不能漂移至VP的嫁接位置；⑤谓词后置漂移有长度限制，能愿动词不能漂移至复杂VP的后面；⑥谓词后置漂移有语体限制，书面语体中能愿动词漂移可接受度较低；⑦谓词后只有一个动词性成分时，允许谓宾动词单独漂移，但是能愿动词不能单独漂移；⑧谓宾动词可以和主语组合后置漂移。

其次，“V得”漂移限制条件为：①表可能的“V得”不能漂移，表结果的“V得”可以漂移；②补语为单音节词语时，“V得”不能漂移；③“V得”只能后置漂移，不能前置漂移；④如果补语是一个小句，补语小句的主语与句首主语有领属关系，则“V得”可以漂移至补语小句内部主语后的位置。

再次，连动句漂移限制条件为：①VP_1既可以前置漂移形成VP_1，$S+VP_2$，也可以后置漂移形成$S+VP_2$，VP_1；②VP_2可以前置漂移，形成VP_2，$S+VP_1$；③VP_1内部成分V和N不能单独漂移，只能作为一个整体漂移；④VP_1不能漂移至VP_2结构内部，VP_2不能漂移至VP_1结构内部；⑤对于$S+V_1/VP+V_2$结构，V_2为单音节动词，V_1不能漂移。

最后，兼语句漂移限制条件为：①宾语后的VP只能前置漂移，不能后置漂移；②宾语一般不能伴随其后VP一同前置漂移；③宾语不能前置漂移到VP内部；④关于使役动词、爱恨动词造成的兼语句有如下特点：a. 兼类名词/代词一定要出现；b. 兼类代词不能移出；c. 兼类代词前不能停顿，是因为停顿会阻挡格位和题元分派。

总体来说，一般SVO简单句中的谓语不能漂移。因为SVO型语言中的V是决定句子基本结构的，在任何情况下都不能移动，所以没有核心谓语漂移现象，只要不涉及谓语的移位现象，不管是主语还是宾语，包括附加语，都是可以移位的。

四、定语漂移

定语漂移除要遵循“左分支名词结构限制”、词语完整律以及禁止介词悬空原则等之外，还有下列条件限制：

首先，对于“X的”做定语的情况，“X的”为领属定语时，领属定语都能够后置漂移，前置漂移一定要有代词复指；“X的”为性质形容词时，定语不能自由地后置漂移，而状态形容词可以自由地后置漂移；“X的”为主语的修饰语时，定语不能后置漂移，能后置漂移的一定要遵循限制条件，包括没有宾语名词出现原则和遵循就近修饰原则；“X的”为宾语的修饰语时，一般情况下是可以后置漂移的，因为后置之后距离宾语名词最近，符合就近修饰原则，但同时也受到一些条件限制，包括不加“的”的单音节修饰语不能后置漂移，修饰语如果不提供新信息则不能后置漂移，不具有描述性的修饰语不能后置漂移。此外，和状语相比，定语不能前置漂移。

其次，对于数量短语做定语的情况，漂移而出的语法成分必须是一个最大投射的“短语”整体，而不能是这个短语的一部分。数量短语可以后置漂移到被修饰名词后，也可以前置漂移至句首，但是修饰主语的数量短语不能后置漂移。

最后，对于定状互易发生的条件，包括：①被修饰的宾语名词一定要出现；②只有描述性定语可以互易为状语；③典型状语是不能变成定语的。此外，定状互易还有自身的漂移规律：所有描述性的定语（1）都可以与定语（2）互易，所有描述性的定语（3）都可以与定语（2）互易，但是所有（1）位置上的定语都不能与（3）位置上的定语互易，表述为：（1）S+（2）V+（3）N。其中（1）—（2）互易，（2）—（3）互易，*（1）—（3）互易。

五、状语漂移

状语漂移现象主要考察了这两类：一类是副词做状语，另一类是时地短语做状语。

首先，副词做状语漂移限制条件为：①程度副词一般不能前置或者后置漂移；但是，兼表语气的程度副词可以后置漂移，但是同样不能前置漂移；②范围副词一般都可以后置漂移到句尾；但是，单音节和表否定的范围副词不能后置漂移，也不能前置漂移；③表示时态的时间副词只能后置漂移到句尾，不能前置漂移到主语之前的位置，但是，表示情况变化时间的时间副词既能后置漂移，也能前置漂移；④频率副词做状语，一般都可以后置漂移到句尾，但是不能前置漂移到主语前的嫁接位置。不是所有的频率副词都能后置漂移，书面语体的频率副词就不能漂移；⑤语气副词的漂移只有一个特点，即所有的语气副词都既能前置漂移，也能后置漂移；⑥篇章关联副词可以后置漂移，不能前置漂移；句中关联副词既不能后置漂移，也不能前置漂移。总体上，副词做状语要遵循：①紧邻中心语原则，即程度副词、范围副词做状语，一定要位于紧邻中心语左边的位置；②中心语为单音节词时，副词做状语不能后置漂移；③副词根据自身不同的语义范围决定可以漂移的位置。

其次，时地短语做状语漂移限制条件为：时地短语做状语既可以前置漂移，也可以后置漂移，但实际上，只有两个位置可以接受时地状语，即句首的主语前位置和句尾的宾语后位置。总体上，状语漂移的限制条件是，状语漂移不能越界。状语是谓词前的修饰语，修饰语有其语义上搭配的被修饰成分，这个语义范围决定了状语的界限。此外，我们发现，几乎所有的副词类型和时地短语都能漂移至句尾位置，其中以语气副词最为典型。

总之，汉语的灵活语序现象表现出的可选性移位特征给生成语法尤其是最简方案带来了巨大挑战，最简方案主张移位是强制性的，是由特征驱动的，而自由语序现象违反了这一指导思想。针对这一现象，生成语法理论学家试图将自由语序现象纳入句法推导的分析模式，由此产生“基础生成说”与“移位说”的分歧。在“移位说”内部，“论元移位”和“非论元移位”的分界等问题长期得不到实质性的解决，学界长期陷入理论的内部争辩。

汉语中的漂移现象，虽然其所受限制不明显，但是这类现象的性质和限制条件呈现出特定的规律。通过本书的研究，我们首先观察到影响汉语语序灵活的动因比较复杂：认知、交际、修辞、风格、韵律、时间、情感、信息结构等非句法因素方面造成的线性序列改变也应属于移位理论的一部分，应得到充分的重视与研究。其次，我们对于汉语中各个类型的灵活语序现象的移位性质、限制条件、移位规律等方面进行了细致的观察、分析、对比与归纳。最后，我们对于语音形式移位理论内容有了进一步的认识，对语音形式移位的内涵、外延和作用进行了细化，主要是语音形式移位包括哪些类型，语音形式移位的限制条件是什么等。但是，关于理论部分，学界对于语音形式的了解与论证尚不充分，相关的研究还处于起步阶段，例如具体哪些因素可以驱动语音形式移位，这些驱动因素在多大程度上可以影响语序，相互之间的对应关系是什么，语音形式移位与句法移位、逻辑形式移位之间关系是怎样的，这些问题都有待进一步的研究。

参考文献

［1］陈建民. 汉语口语［M］. 北京：北京出版社，1984.

［2］陈建民. 汉语口语里的追加现象［M］//中国语文杂志社. 语法研究和探索：精选集. 北京：商务印书馆，2011：521-532.

［3］陈永莉. 汉语动词与相关句法成分的语序研究［D］. 北京：中央民族大学，2007.

［4］程工. 层级结构和线性顺序之新探［J］. 外语教学，2018，39（1）：1-7.

［5］储泽祥. 是袋子什么都能装，还是物件单一：汉语“主宾句位高效”的类型特征［J］. 南开语言学刊，2012（1）：76-85，186-187.

［6］丁声树，吕叔湘，李荣，等. 现代汉语语法讲话［M］. 北京：商务印书馆，1961.

［7］戴维·克里斯特尔. 现代语言学词典［M］. 沈家煊，译. 北京：商务印书馆，2000.

［8］戴庆厦，傅爱兰. 藏缅语的述宾结构：兼与汉语比较［J］. 方言，2001（4）：289-300.

［9］戴庆厦，邱月. 藏缅语与汉语连动结构比较研究［J］. 世界汉语教学，2008（2）：72-82.

［10］范晓. 关于汉语的语序问题（一）［J］. 语言文字学（人大复印），2002（2）：65-67.

［11］范晓. 关于汉语的语序问题（二）［J］. 语言文字学（人大复印），2002（4）：60-71.

［12］范晓. 关于汉语宾语问题的思考：纪念汉语主宾问题讨论五十周年［J］. 汉语学习，2006（3）：3-13.

［13］方梅. 汉语口语后置关系从句研究［M］//中国社会科学院语言研究所《中国语文》编辑部. 庆祝《中国语文》创刊 50 周年学术论文集. 北京：商务印书馆，2004：70-78.

［14］冯志伟，刘俊莉．乔姆斯基《最简方案》［M］//萧国政．现代语言学名著导读．北京：北京大学出版社，2009：86-128．

［15］徐烈炯．共性与个性：汉语语言学中的争议［M］．北京：北京语言文化大学出版社，1999．

［16］郭琳．汉语口语易位句研究［D］．长春：东北师范大学，2007．

［17］郭中．OV/VO语序与状语位置关系的类型学考察［J］．民族语文，2013（1）：46-57．

［18］何元建．现代汉语生成语法［M］．北京：北京大学出版社，2011．

［19］胡裕树．现代汉语［M］．上海：上海教育出版社，1981．

［20］胡裕树，范晓．试论语法研究的三个平面［J］．新疆师范大学学报（哲学社会科学版），1985，6（2）：7-16．

［21］黄正德．汉语正反问句的模组语法［J］．中国语文，1988（1-6）：247-265．

［22］黄正德，李艳惠，李亚非．汉语句法学［M］．张和友，译．北京：世界图书出版公司，2013．

［23］GREENBERG J H，陆丙甫，陆致极．某些主要跟语序有关的语法普遍现象［J］．当代语言学，1984（2）：42-60．

［24］匡鹏飞．语气副词“明明”的主观性和主观化［J］．世界汉语教学，2011，25（2）：227-236．

［25］雷云，李信贤．现代汉、哈语宾语成分对比刍议［J］．新疆职业大学学报，2014（1）：28-32．

［26］黎锦熙．新著国语文法［M］．长沙：湖南教育出版社，2007．

［27］李芳杰．定语易位问题刍议［J］．语文研究，1983（3）：24-31．

［28］李如龙．关于宾语前置［J］．汉语学报，2013（4）：63-71，96．

［29］李胜梅．倒装句：修辞学和语法学的分歧［J］．修辞学习，2007（6）：36-40．

［30］李世康．彝语的宾语后置式［J］．民族语文，1988（6）：69．

［31］李素秋．汉维多重定语语序对比研究［D］．北京：中央民族大学，2009．

［32］林忠．句式中介词结构漂移的语篇语用解释［J］．重庆邮电大学学报（社会科学版），2012，24（3）：111-115.

［33］刘丹青．汉语关系从句标记类型初探［J］．中国语文，2005（1）：3-15.

［34］刘丹青．汉语名词性短语的句法类型特征［J］．中国语文，2008（1）：3-20.

［35］刘丹青．语法调查研究手册［M］．上海：上海教育出版社，2008.

［36］刘月华，潘文娱，故韡，等．实用现代汉语语法［M］．2版．北京：商务印书馆，2001.

［37］陆丙甫．定语的外延性、内涵性和称谓性及其顺序［M］//中国语文杂志社．语法研究和探索（四）．北京：北京大学出版社，1988：102-115.

［38］陆俭明．汉语口语句法里的易位现象［J］．中国语文，1980（1-6）：28-41.

［39］陆俭明．关于定语易位的问题［J］．中国语文，1982（1-6）：179-181.

［40］陆俭明．周遍性主语句及其他［J］．中国语文，1986（1-6）：161-167.

［41］陆俭明．汉语句子的特点［J］．汉语学习，1993（1）：1-6.

［42］陆俭明．动词后趋向补语和宾语的位置问题［J］．世界汉语教学，2002（1）：5-17，114.

［43］陆俭明，沈阳．汉语和汉语研究十五讲［M］．北京：北京大学出版社，2003.

［44］陆镜光．句子成分的后置与话轮交替机制中的话轮后续手段［J］．中国语文，2000（4）：303-310，381.

［45］罗耀华，齐春红．副词性非主谓句的成句规约：语气副词“的确”的个案考察［J］．汉语学习，2007（2）：27-35.

［46］吕冀平．汉语语法基础［M］．北京：商务印书馆，2000.

［47］吕叔湘．现代汉语八百词［M］．北京：商务印书馆，1980.

［48］吕叔湘．汉语句法的灵活性［J］．中国语文，1986（1）：1.

［49］马庆株．多重定名结构中形容词的类别和次序［J］．中国语文，1995（5）：357-366.

［50］马修斯. 牛津语言学词典［M］. 上海：上海外语教育出版社，2000.

［51］孟琮. 口语里的一种重复：兼谈“易位”［J］. 中国语文，1982（1-6）：174-179.

［52］宁春岩. 什么是生成语法［M］. 上海：上海外语教育出版社，2011.

［53］潘海华，韩景泉. 汉语保留宾语结构的句法生成机制［J］. 中国语文，2008（6）：511-522，575-576.

［54］潘晓乐. 浅谈定语的易位现象［J］. 中国语文，1981（1-6）：277-278.

［55］齐春红，杨育彬. 泰北地区云南方言语法变异情况考察［J］. 云南师范大学学报（哲学社会科学版），2010（6）：145-150.

［56］乔姆斯基. 最简方案［M］. 北京：世界图书出版公司北京公司，2015.

［57］乔世馨. 英语表示强调的一种语法手段：后置［J］. 锦州师范学院学报（哲学社会科学版），1994（1）：96-99.

［58］秦礼君. 日汉宾语位置的古今比较［J］. 外语研究，2003（1）：50 52，49-80.

［59］屈承熹. 汉语认知功能语法［M］. 哈尔滨：黑龙江人民出版社，2005.

［60］邵敬敏. 从语序的三个平面看定语的移位［J］. 华东师范大学学报（哲学社会科学版），1987（4）：67-94.

［61］石定栩. 乔姆斯基的形式句法：历史进程与最新理论［M］. 北京：北京语言文化大学出版社，2002.

［62］石定栩. 动词后数量短语的句法地位［J］. 汉语学报，2006（1）：51-58.

［63］石定栩，孙嘉铭. 频率副词与概率副词：从“常常”与“往往”说起［J］. 世界汉语教学，2016，30（3）：291-302.

［64］石毓智. 汉语的有标记和无标记语法结构［M］//中国语文杂志社. 语法研究和探索（十）. 北京：商务印书馆，2000：19-30.

［65］石毓智，李讷. 汉语语法化的历程：形态句法发展的动因和机制［M］. 北京：北京大学出版社，2001.

［66］石毓智. 现代汉语语法系统的建立：动补结构的产生及其影响

［M］. 北京：北京语言大学出版社，2003.

［67］史有为. 一种口语句子模式的再探讨："倒装""易位""重复""追补"合议［M］//朱德熙. 语文论集（一）. 北京：外语教学与研究出版社，1985：41-60.

［68］史有为. 主语后停顿与话题［J］. 中国语言学报，1995（5）：97-124.

［69］完权. 指示词定语漂移的篇章认知因素［J］. 当代语言学，2012，14（4）：343-353，436-437.

［70］汪国胜. 大冶方言的双宾句［J］. 语言研究，2000（3）：88-98.

［71］王理嘉. 现代汉语：增订本［M］. 北京：商务印书馆，2012.

［72］王力. 王力文集：第一卷［M］. 济南：山东教育出版社，1984.

［73］王力. 中国现代语法［M］. 北京：商务印书馆，1985.

［74］温宾利. 当代句法学导论［M］. 北京：外语教学与研究出版社，2002.

［75］文旭. 左移位句式的认知解释［J］. 外国语，2005（2）：45-52.

［76］武氏河. 现代汉语语序研究［D］. 南京：南京师范大学，2006.

［77］肖则贡. 佤语中的主语和谓语的语序［J］. 民族语文，1981（2）：80.

［78］邢福义. 现代汉语语法知识［M］. 武汉：湖北人民出版社，1980.

［79］邢福义. 汉语语法学［M］. 长春：东北师范大学出版社，1996.

［80］邢福义，汪国胜. 现代汉语［M］. 武汉：华中师范大学出版社，2011.

［81］徐杰. 两种保留宾语句式及相关句法理论问题［J］. 当代语言学，1999（1）：16-29，61.

［82］徐杰. 普遍语法原则与汉语语法现象［M］. 北京：北京大学出版社，2001.

［83］徐杰. 句子的三个敏感位置与句子的疑问范畴：跨语言的类型比较［M］//单周尧，陆镜光：语言文字学研究. 北京：中国社会科

学出版社，2005：223-234.

［84］徐烈炯，刘丹青. 话题的结构与功能［M］. 上海：上海教育出版社，1998.

［85］杨君楚. 印尼语的谓语研究［M］//陈丙先，庄国土. 东盟研究 2013. 北京：世界知识出版社，2014：218-238.

［86］杨杏红，齐沪扬. 现代汉语多项补语的语序问题［J］. 世界汉语教学，2010（1）：59-65.

［87］杨亦鸣，刘涛. 汉语话题句中语迹的神经机制研究［J］. 中国社会科学，2013（6）：146-166.

［88］易洪川. 汉语口语里的一种施事宾语句［J］. 语言教学与研究，1997（4）：131-141.

［89］岳中奇. 句首前置定语和状语的位移性质思辨［J］. 汉语学习，2007（6）：12-19.

［90］袁焱. 阿昌语的述宾结构［J］. 民族语文，2002（4）：46-50.

［91］袁毓林. 话题化及相关的语法过程［J］. 中国语文，1996（4）：241-254.

［92］袁毓林. 定语顺序的认知解释及其理论蕴涵［J］. 中国社会科学，1999（2）：185-201.

［93］张伯江，方梅. 汉语功能语法研究［M］. 南昌：江西教育出版社，1996.

［94］张建. 现代汉语双宾句的典型性研究［D］. 武汉：华中师范大学，2007.

［95］张静. 汉语语法问题［M］. 北京：中国社会科学出版社，1987.

［96］张敏. 认知语言学与汉语名词短语［M］. 北京：中国社会科学出版社，1998.

［97］张谊生. 现代汉语虚词［M］. 上海：华东师范大学出版社，2000.

［98］赵元任. 汉语口语语法［M］. 吕叔湘，译. 北京：商务印书馆，1979.

［99］朱德熙. 语法讲义［M］. 北京：商务印书馆，1982.

［100］朱德熙. 朱德熙文集：第一卷［M］. 北京：商务印书馆，1999.

[101] 朱德熙. 语法分析讲稿 [M]. 北京：商务印书馆，2010.

[102] AGBAYANI B, GOLSTON C, ISHII T. Syntactic and prosodic scrambling in Japanese [J]. Natural Language and Linguist Theory, 2015, 33 (1): 47-77.

[103] ANAGNOSTOPOULOU E, FOX D. Scrambling. course materials for Advanced Syntax. MIT Open Course Ware [EB/OL]. [2023-3-3]. https://ocw.mit.edu/courses/24-952-advanced-syntax-spring-2007/55f47b8b292f15ee4d0e9eeca88660a3_scrambling.pdf.

[104] BAILYN J F. On Scrambling: A Reply to Bošković and Takahashi [J]. Linguistic Inquiry, 2001, 32 (4): 635-658.

[105] BOšKOVIć Ž, TAKAHASHI D. Scrambling and Last Resort [J]. Linguistic Inquiry, 1998, 29 (3): 347-366.

[106] BOšKOVIć Ž. Topicalization, focalization, lexical insertion, and scrambling [J]. Linguistic Inquiry, 2004, 35 (4): 613-638.

[107] CHEUNG L Y. A Study of Right Dislocation in Cantonese [D]. The Chinese University of Hong Kong, 1997.

[108] CHEUNG L Y. Dislocation focus construction in Chinese [J]. Journal of East Asian Linguistics , 2009, 18 (3): 197-232.

[109] CHOMSKY N. The Minimalist Program [M]. Cambridge: The MIT Press, 1995.

[110] CHOMSKY N, LASNIK H. Filters and control [J]. Linguistic Inquiry, 1977, 8 (3): 425-504.

[111] DIESING M. Indefinites [M]. Cambridge: The MIT Press, 1992.

[112] DIESING M. Yiddish VP Order and the Typology of Object Movement in Germanic [J]. Natural Language and Linguistic Theory, 1997, 15 (2): 369-427.

[113] DIESING M, JELINEK E. Distributing arguments [J]. Natural Language Semantics, 1995, 3: 123-176.

[114] DE HOOP H. Case Configuration and Noun Phrase Interpretation [M]. London: Routledge, 1996.

[115] VAN DER DOES J, DE HOOP H. Type-shifting and scrambled definites [J]. Journal of Semantics, 1998, 15 (4): 393-417.

[116] ERNST T, CHENGCHI W. Object preposing in Mandarin Chinese [J]. Journal of East Asia Linguistics, 1995, 4 (3): 235-260.

[117] FANSELOW G. Features, θ-roles and Free Constituent Order [J]. Linguistic Inquiry, 2001, 32 (3): 405-37.

[118] FARMER, KATHLEEN A. On the interaction of morphology and syntax [D]. Boston: Massachusetts Institute of Technology, 1980.

[119] FENGS L. Prosodic structure and prosodically constrained syntax in Chinese [D]. Philadelphia: University of Pennsylvania, 1995.

[120] ORDÓñEZ F. Scrambling [M] // Luraghi, Silvia and Claudia, Parodi. ed., The Bloomsbury Companion to Syntax. London: Bloomsbury Press, 2013: 143-53.

[121] WEBELHUTH G. Syntactic Saturation Phenomena and the modern Germanic Languages [D]. MASSACHUSETTS: University of Massachusetts, 1989.

[122] GREENBERG J H. Some universals of grammar with particular reference to the order of meaningful elements [M] // J H. Greenberg (ed). Universals of language. (second edition) Cambridge, Mass: MIT Press, 1966: 73-113.

[123] GREWENDORF G, SABEL J. Scrambling in German and Japanese: Adjunction Versus Multiple Specifiers [J]. Natural Language and Linguistic Theory, 1999, 17 (1): 1-65.

[124] BUSSMANN H. Routledge Dictionary of Language and Linguistics [M]. London and New York: Routledge, 2006.

[125] HAEGEMAN L, LILIANE M V. Introduction to Government and Binding Theory [M]. New Jersey: Blackwell Publishers, 1991.

[126] HALE K. Warlpiri and the Grammar of Non-Configurational Languages [J]. Natural Language and Linguistic Theory, 1983, 1 (1): 5-47.

[127] HAWKINS J A. Word Order Universals [M]. New York: Academic Press, 1983.

[128] HOLMBERG A. The role of inflection in Scandinavian syntax [M]. New York: Oxford University Press, 1995.

[129] HUANG C-T J . Logical Relations in Chinese and the Theory of Grammar [D]. Cambridge: Massachusetts Institute of Technology, 1982.

[130] HUANG C-T J. On the distribution and reference of empty pronouns [J]. Linguistic Inquiry, 1984, 15 (4): 531-574.

[131] HUANG C-T J, LI Y-H A. Recent generative studies in Chinese Syntax [M] // Huang C-T J, Li Y H. New Horizons of Chinese Linguistics. London: Kluwer Academic, 1996.

[132] ROSS J R. Constraints on Variables in Syntax [D]. Massachusetts: Massachusetts Institute of Technology, 1967.

[133] LIC N, THOMPSON S A. THOMPSON. Mandarin Chinese: A Functional Reference Grammar [M]. Berkeley: University of California Press, 1981.

[134] Kung H I. The Mapping Hypothesis and postverbal structures in Mandarin Chinese [D]. Madison: The University of Wisconsin-Madison, 1993.

[135] NEELEMAN A, REINHART T. Scrambling and the PF Interface [M] //Gueder W, Butt M. (ed.), Projecting from the Lexicon, CLSI Publications, Stanford, 1998: 309-353.

[136] SANDRA S. What do second-position cliticization, scrambling and multiple wh-fronting have in common? [D]. Connecticut: University of Connecticut, 1999.

[137] SAITO M. Some Asymmetries in Japanese and their theoretical implications [D]. Cambridge: Massachusetts Institute of Technology, 1985.

[138] SAITO M. Scrambling as Semantically Vacuous A' - Movement [M] //Baltin M R, Anyhony S K. Alternative Conceptions of Phrase Structure. Chicago: University of Chicago Press, 1989: 182-200.

[139] SAITO M. Long distance scrambling in Japanese [J]. Journal of East Asian Linguistics, 1992, 1 (1): 69-118.

[140] SAITO M. A derivational approach to the interpretation of scrambling chains [J]. Lingua，2003，113 (4)：481-518.

[141] SHID X. The nature of Topic comment constructions and topic chains [D]. Los Angeles：University of Southern California，1992.

[142] SHYUS I. The syntax of focus and topic in mandarin chinese [D]. Los Angeles：University of Southern California，1995.

[143] KARIMI S. Word order and scrambling [M]. New Jersey：Blackwell Publishing，2003.

[144] SOH H L. Object scrambling in Chinese [D]. Cambridge：Massachusetts Institute of Technology，1998.

[145] SUN C F F，Givón T. On the so-called SOV word order in Mandarin Chinese：a quantified text study and its implications [J]. Language，1985，61 (2)：329-351.

[146] TANG C C J. Chinese phrase structure and the Extended X-bar theory [D]. Ithaca：Cornell University，1990.

[147] TOMLIN R S. Basic word order：Functional Principles [M]. London：Croon Helm，1986.

[148] XU L J，Langendoen D T. Topic Structures in Chinese [J]. Language，1985，61 (1)：1-27.

[149] XU L J. Free empty category [J]. Linguistic Inquiry，1986，17 (1)：75-93.

[150] YANG N，VAN BERGEN G. Scrambled objects and case marking in Mandarin Chinese [J]. Lingua，2007，117 (9)：1617-1635.

后　记

本书是在我博士毕业论文基础上修改而成的，这几年我针对语音形式移位问题做了一些反思，参阅了很多前人的文献，对论文做了增删修正。本书是将生成语法中对于自由语序现象的解释理论与汉语事实相结合进行研究的一个尝试，生成语法理论对自由语序现象做了很多尝试性解释，其中持移位说观点的学者占绝大多数，漂移正是对这一移位类型的指称。但是对于生成语法来说，漂移现象的存在又给认为所有移位都是强制的、有驱动的生成语法理论本身造成了挑战，这一问题棘手又关键，这正是这一现象得到全世界语言学家关注的理论原因。

本书理论关涉两个重要概念，一个就是刚才提到的漂移。关于漂移理论研究，我写博士论文之前收集了大量相关文献，但局限于当时文献收集水平和理论知识，并没有形成系统的认识，最近两年才算是完成了相关文献的收集、整理、分类和阅读，对这一研究的来龙去脉及关键瓶颈问题形成了自己的认知。正如前面所说，漂移现象本身与理论假设相悖，现有的研究要么修正理论，要么从其他角度尝试解释这一现象。还有一个重要概念是语音形式。语音形式是生成语法理论假设的重要环节，主要负责语音输出。Chomsky 曾经提到过：语音形式还存在一些如风格、修辞等方面的调整，这也是我们假设语音形式移位的一个基础。关于语音形式的理解，2019—2022 年我有幸参与石定栩教授主持的国家社科重大项目“生成语法的汉语研究”子课题“境内外生成语法汉语研究成果”中的“语音形式的汉语研究综述”，将所有用生成语法中语音形式操作解释汉语现象的境内外文献收集整理并阅读总结，完成了这一任务之后，我对语音形式操作和研究现状有了进一步的了解。相对其他操作来说，语音形式操作的专题研究非常少见，学界对于语音形式的了解与论证尚不充分，更多的是直接使用语音形式的操作来解决语言事实问题。其中，语音形式删除操作在汉语中的使用最多，主要集中在汉语的省略空缺现象上。但这一理论仍存在一些问题，语音形式操作一般是用来解释其他操作无法很好解释的现象，一般是不得已而采用的方案。此外，语音形式的操作是否真正解决了问题还是重新描述了问题值得进一步思考。

汉语自由语序现象很早就得到了关注，赵元任、王力、朱德熙等语言学者都对这类现象做了分析与解释。与国外漂移现象相比，汉语最大的特点是缺少形态标记，自由语序语言（如拉丁语、德语）的形态标记都非常丰富，语序变化可以非常灵活，并不会造成歧义。汉语并非自由语序语言，语序是重要的语法手段，但是汉语语序有一定的灵活性，这些灵活语序现象的限制条件是什么，与其他自由语序语言有何普遍的共性与差异，这些问题虽然本书借助生成语法做了尝试，但是仍然值得进一步探讨。

这本书能成功出版首先要感谢我的语言学启蒙导师和领路人匡鹏飞教授，我于2011年考入华中师范大学语言研究所，师从匡老师至今已有12年了。第一次联系导师、每学期开始时与导师的交谈、导师指导论文、导师组织的读书会等情景，点点滴滴都在我的脑海里，现在回想起来还非常清晰，这些回忆随着时间流逝越觉珍贵。匡老师言传身教，用自身的勤奋、韧性和修养耐心引导我，让当时无知且浮躁的我慢慢觉醒，逐渐成长。读硕期间，导师鼓励并指导我们尝试写小论文和开展沙龙讨论问题，在导师的指导下，我完成了硕士毕业论文《〈歧路灯〉引语研究》，并被评为校级“优秀毕业论文”。在之后的读博期间以及在毕业之后的每个关键人生节点上，导师都一直关心、帮助和引导我。经师易得，人师难求，感恩刚踏入科研这条路就遇到了人师，他向我展示了优秀学者和导师的标准，也是我想要努力成为的样子。

感谢我的博士导师徐杰教授以前瞻性的学术思想引领学生积极探索，在指导我博士毕业论文写作的每一环节都倾注了大量心血。读博期间我跟随徐老师在思想上成长了很多。除了要求我们努力之外，徐老师非常注重开发悟性，我也是这个时候才开始思考什么是悟性，怎样开发和利用自身的悟性的。读博期间另一个重要的学习平台就是徐老师搭建的同门读书会，同门之间定期讨论文章，并针对一个问题深入探讨。通过读书会，我一方面锻炼了自身的逻辑思维与语言表达能力，另一方面锻炼了自身发现问题的能力。同门中有很多优秀的学者，他们很乐意共享各种学术资源，交流学术心得，我们相互鼓励，一起进步，每次我向他们求教他们也都不吝赐教，与他们的交流使我受益良多，他们的踏实进取激励着我，他们就是我身边的榜样。

伴随这本书的撰写，这几年我的思想和生活都发生了巨大的变化，这几年也是我人生的转折，从武汉来到重庆，从学生变成老师，工作上、生活上和科研上都得到了不同程度的历练，内心也变得更加成熟。感谢无私奉献与支持我的家人们，他们的付出为我提供了很好的条件，帮助我解决了后顾之忧，他们关注我的思想成长，倾听我的感悟，与他们的交谈总能给我提供不一样的视角，他们是我身边的老师。感谢女儿庆庆，她的出生让我深深地理解了埃利亚斯·卡内蒂的一句话："逝者靠世人的评价而活，生者靠爱而活。"一个生命从出生到成熟，全靠爱的滋养才会身心健康。由此感悟到科研也是这样，正如邢福义先生提出的要写"读得懂、信得过、用得上"的文章，其中"用得上"，我的理解就是将自己的研究与国家和社会问题结合起来，做对国家、对社会、对学科有意义的研究。虽然现在我的研究仍处于起步阶段，还有很多不足，但我相信：当我们有勇气真诚地面对和接纳自己时，改变会自然发生。所以我要思考分析自己的不足，并根据目标积极调整自己，我相信只要内心热情还在，总能有所发现有所收获。

最后，特别感谢我的工作单位重庆邮电大学提供的科研平台与条件，感谢学院营造的良好工作氛围。需要说明的是，本书受到 2018 年重庆市社科规划项目（项目编号：2018QNYY63）、重庆邮电大学引进人才科研基金项目（项目编号：K2017-86）的资助，谨致谢忱。

倪广妍

2023 年 4 月于重庆南山